Armin Krenz

Der „Situationsorientierte Ansatz“ im Kindergarten

KONZEPT-
BUCH
KINDER-
GARTEN

Armin Krenz

Der „Situationsorientierte Ansatz“ im Kindergarten

Grundlagen und Praxis

Herder Freiburg · Basel · Wien

Armin Krenz hat zusammen mit Heidi Rönnau in der Reihe „Praxisbuch Kindergarten“ (Verlag Herder) das Buch verfaßt:

Entwicklung und Lernen im Kindergarten – Psychologische Aspekte und pädagogische Hinweise für die Praxis, 4. Auflage 1994.

Anschrift der Autoren:
Dr. Armin Krenz/Dr. Heidi Rönnau
Fachbereich Elementarpädagogik
Institut für angewandte Psychologie
Alter Markt 14
D-24103 Kiel

8. Auflage

Einbandfoto: Hartmut W. Schmidt

Herstellung: Freiburger Graphische Betriebe 1994
ISBN 3-451-22276-0

Inhalt

Vorwort

Grundlage für dieses Buch ist die vielfältige Erfahrung in der Arbeit mit ErzieherInnen und das Kennenlernen der Praxis von weitaus mehr als 200 Kindergärten, in denen ich z. T. gemeinsam mit ErzieherInnen und Kindern Fragestellungen zur Elementarpädagogik überprüft und gefundene Erkenntnisse umgesetzt habe. Dabei kam es mir insbesondere darauf an, auf der einen Seite propagierte und als abgesichert geltende theoretische Aspekte der Kindergartenpädagogik zu beachten, auf der anderen Seite aber auch zu versuchen, sie in die Praxis des Alltags umzusetzen, ErzieherInnen dabei zu unterstützen und neu formulierte Ziele in die Arbeit zu integrieren.

Nachdem ich verschiedene Seminare zum „Situationsorientierten Ansatz in der sozialpädagogischen Praxis" angeboten und über unser Institut durchgeführt hatte, fiel mir bei der Nachbereitung der Veranstaltungen auf, wie wenig für die Praxis geeignete Literatur zum Thema vorhanden war. Einerseits fand ich bei meiner Suche Bücher, die höchst „wissenschaftlich" gehalten waren und Praktiker eher abschreckten, als daß sie zum Lesen animierten, auf der anderen Seite bekam ich Bücher in die Hände, die mehr einer Sammlung von Kochrezepten ähnelten. Darin sehe ich die Gefahr, daß vorgestellte Projekte von interessierten LeserInnen zu schnell übernommen werden, weil es natürlich sehr verlockend ist, aus den Arbeiten anderer nicht nur zu lernen, sondern Teile vorgestellter Arbeitsvorhaben zu kopieren. Nur: Kopien lassen *immer* die individuelle Situation der Einrichtung vor Ort außer Betracht, und Kopien können der Qualität eines Originals unter Beachtung der Individualität von Kindern *nie* entsprechen. So begab ich mich daran, einmal *alle* Literatur zum Thema (Bücher, Hefte, Fachzeitschriftenartikel und Artikel in Handbüchern) zu sichten, um selber die Entscheidung zu treffen, welcher Text denn nun wirklich für die reale Praxis zu gebrauchen ist und welche Publikation den ErzieherInnen der von mir besuchten Veranstaltungen empfohlen werden kann, damit sie in *ihrer* Praxis eine zusätzliche Hilfestellung erhalten. Das Ergebnis war niederschmetternd, und eine Umfrage unter KollegInnen ergab auch kein anderes Bild. So habe ich mich entschlossen, selber das Thema „Situationsorientierter Ansatz in der sozialpädagogischen Praxis“ umfassend neu aufzuarbeiten und ErzieherInnen eine möglichst hilfreiche Publikation vorzulegen.

Ich widme dieses Buch allen ErzieherInnen, SozialpädagogInnen und anderen Fachkräften, die meine Publikation nun in Händen halten und sicherlich berechtigte Erwartungen haben, etwas Neues zum „Situationsansatz in der sozialpädagogischen Praxis“ zu erfahren und Hilfestellungen für die tägliche Praxis erhoffen.

Dieses Buch möchte ich auch allen Frauen und (wenigen) Männern widmen, die im Laufe meiner sechzehnjährigen Arbeit Fort- und Weiterbildungsseminare bei mir besucht haben. Besonders denke ich dabei an die schleswig-holsteinischen ErzieherInnen, an die ErzieherInnenseminare in Dänemark, der Schweiz, in den Niederlanden und in dem neuen Bundesland Sachsen-Anhalt, wobei die lustigen Feier-Abende bei den Seminarveranstaltungen – als Beispiele seien hier vor allem Wernigerode, Salzgitter, Guckelsby und Abenraa genannt – genauso schön wie die Tagesveranstaltungen gewesen sind.

In meiner persönlichen Widmung denke ich vor allem an Marianne (Eschborn), Annette (Kiel), Susanne (Ibiza), Manuela (Berlin), Irmi (Göppingen), Rösi (Dänemark), Edda (Plön) und Elke (Ahrensburg), die eine Pädagogik mit Kindern gestalten, die in dieser Qualität nicht häufig zu finden ist.

Insbesondere aber widme ich das Buch auch allen Kindern, die in ihren Kindergärten ein Recht darauf haben, BegleiterInnen bei ihrer Entwicklung zu haben, denen „Achtung und Wertschätzung“ des „Proletariats auf kleinen Füßen“ (J. Korczak) besonders am Herzen liegt.

Armin Krenz

1. Einleitung – Besuche und Beobachtungen in unterschiedlich arbeitenden Kindergärten

Aufgrund der vielfältigen Zusammenarbeit mit ErzieherInnen, die in Kindergärten tätig sind, kann zunächst einmal festgestellt werden, daß die Gestaltung der Arbeit in elementarpädagogischen Einrichtungen so überaus unterschiedlich ist, wie die Breite persönlicher Arbeitsstile, Auffassungen von Arbeit und Einstellungen zu Kindern. Von daher ist es sicherlich nicht einfach, „typische" Tagesabläufe aus Kindergärten wiederzugeben, zu beschreiben und zu kommentieren. Dennoch soll und muß an dieser Stelle der Versuch unternommen werden, eigene Erfahrungen zu rekapitulieren und in Form einer realen Darstellung tatsächlich erlebter Ereignisse auf den Punkt zu bringen.

Kindergarten A: Im Rahmen eines geplanten Elternabends zum Thema „Spielen und Lernen" wurde die angebotene Möglichkeit gerne genutzt, *vor* dem Termin ein persönliches Gespräch *in* dem Kindergarten zu führen, um einerseits offene Fragen abzuklären und den Ablauf des geplanten Abends abzustimmen, andererseits einen Eindruck von dem Kindergarten zu bekommen, die Atmosphäre zu spüren und die Lebendigkeit der MitarbeiterInnen und der Kinder kennenzulernen. Schon vor dem Eintreten in den Kindergarten fiel so manches ins Auge: Da gab es ausgeschnittene Vögel, die an der Eingangstüre hingen und den Besucher begrüßen sollten. Allerdings wurde gleich beim Betrachten der Vögel deutlich, daß diese mit Sicherheit *nicht von Kindern* ausgeschnitten und bemalt worden waren, zumal sie nur einen sichtbaren Flügel ganz im Sinne eines „perspektivisch richtigen" Werkergebnisses besaßen, ein Auge „völlig richtig im Sinne einer einseitigen Perspektive" und einen Mövenschnabel hatten, wie es in Form und Größenverhältnis völlig stimmig mit der Realität ist. Dazu kam, daß alle Möven völlig gleich aussahen – fast bis auf den letzten Pinselstrich beim Anmalen. Nach dem Eintreten fiel als nächstes die leere Eingangshalle auf, die trotz der Anwesenheit von fünf Kindergruppen offensichtlich nicht genutzt wurde. Ihre saubere – oder besser geradezu sterile – Atmosphäre wirkte wenig lebendig, so daß die Erinnerung nicht überflüssig erscheint, daß es hier um einen Kindergarten mit 113 Kindern geht. Nachdem nun die Leiterin ihren Besucher begrüßte und erste Worte ausgetauscht wurden, ergab sich die Möglichkeit, einmal einen Blick in eine Kindergruppe zu werfen. Dort bot sich dann folgendes Bild: 22 Kinder saßen zu dritt bzw. viert an ihren Tischen und hatten Legeaufgaben vor sich, bei denen es darum ging, bestimmte Muster nach vorgezeichneten Bildern nachzulegen. Die Erzieherin ging von Gruppe zu Gruppe, gab Hinweise, beantwortete Fragen und setzte sich danach wieder an ihren Schreibtisch, der in einer Ecke des Raumes stand. Wie sich später herausstellte, war es eine Kindergruppe, in der 5–6jährige Kinder zusammengefaßt waren, die im Sinne schulvorbereitender Aufgaben damit befaßt waren, Konzentrationsfähigkeit und logisches Denken auf-/auszubauen. (Diese „Lernzielformulierung" nannte die Erzieherin.)

Was zusätzlich auffiel, war die relativ große Ruhe in dieser und in den anderen Gruppen. An den Eingangstüren der jeweiligen Gruppenräume hingen die Wochen-/Zweimonatspläne, in denen genau und differenziert aufgeschrieben war, wann und wie lange welches Lied, welche „Bastelaktivität", welches Förderziel und welche Werkmaterialien zu welcher Zeit vorgesehen waren.

Grundsätzlicher Eindruck vom Kindergarten A

Offensichtlich – und dies bestätigten auch die MitarbeiterInnen – stand hier die „Förderung von Kindern" im Vordergrund, wobei Förderung als ein „gezieltes Arbeitsvorgehen mit allen Kindern" verstanden wurde. Teilleistungsziele waren auf die Zukunft (Schule) ausgerichtet, und der gesamte Bereich der Planung gründete sich auf Überlegungen der MitarbeiterInnen, was *für* Kinder, für ihre Entwicklung gut sei. Genauso verplant wie der Tagesablauf war auch die Zeit mit Kindern *verplant:* 7.30 – 8.45 Uhr war „Freispiel" angesetzt, von 8.45 Uhr – 9.30 Uhr wurde eine angeleitete Beschäftigung vom Vortag durchgeführt, von 9.30 Uhr – 10.15 Uhr Frühstück mit Toilettengang, Händewaschen und Zähneputzen, von 10.30 Uhr bis 11.30 Uhr angeleitete Beschäftigung, danach Aufräumen, und um 12.00 Uhr wurde ein Abschlußkreis von den Kindern gebildet, um den Vormittag noch einmal gemeinsam zu besprechen. Schon vom Tagesablauf ist daher zu verstehen, daß Schablonenarbeit eine große Rolle spielt (siehe ‚Möven an der Eingangstüre'), der Kindergartenflur wie ausgestorben wirkte, der Kindergartengruppenraum mit Tischen und Stühlen vollgestopft war und die Wochen–/Zweimonatspläne die Arbeitsschwerpunkte vorgaben und nicht die Kinder selbst mit *ihren Bedürfnissen und Interessen* im Vordergrund allen Arbeitens standen.

Was hier zählte, waren überprüfbare Ergebnisse, die sich „sehen lassen konnten".

Kindergarten B: In einer anderen Kindergarteneinrichtung kam ein Besuch im Rahmen einer Supervisionsvorbesprechung zustande, weil die MitarbeiterInnen den Wunsch hatten, regelmäßig ihre Arbeit zu reflektieren und Spannungen im Team aufzudecken und zu bearbeiten. In diesem Kindergarten ging es nun ganz anders als in der eben vorgestellten Einrichtung zu. Die Kinder liefen in der ganzen Einrichtung umher, die Gruppentüren standen für alle offen, die Räume selbst waren gefüllt mit alten Sofas, Matratzenlagern und Decken zum Zurückziehen und Kuscheln, die Wände waren voll mit Tierpostern behängt, Spielzeugmaterialien waren überall in den Räumen bunt verteilt, und die MitarbeiterInnen saßen alle in einem Gruppenraum und sprachen miteinander. Abgesehen von diesem ersten Eindruck hatte der Beobachter das Gefühl, daß bei den Kindern Hektik statt Lebendigkeit, Unstetigkeit statt eines neugierigen Interesses und Lärm statt freudiger Lautstärke vorherrschte.

Grundsätzlicher Eindruck vom Kindergarten B

Nach bewußter Absicht der ErzieherInnen sollte in dieser Einrichtung den Kindern die Möglichkeit gegeben werden, „sich mit allen ihren Bedürfnissen und Interessen einzugeben, den gesamten Raum zu nutzen und soviel Platz für sich in Anspruch zu nehmen, wie sie glauben, ihn zu brauchen" (Zitat einer Mitarbeiterin). Was hier aber offensichtlich von den MitarbeiterInnen verwechselt wurde, waren die Ziele „Unterstützung der Entwicklung von Kindern unter Nutzung aller Möglichkeiten" *und* „Gewährenlassen aller Wünsche der Kinder in einem Raum unbegrenzter Möglichkeiten". Darauf angesprochen meinten die ErzieherInnen, sie nähmen es mit dem „Situativen Ansatz" sehr ernst. Ihnen gehe es darum, den Kindergarten als einen Platz anzusehen, in dem die Kinder sich ausleben und Selbständigkeit in dem Maße entwickeln könnten, wie sie es in ihrer kindlichen Neugierde und nach ihrem Bewegungsdrang auch bräuchten.

Um es hier auf den Punkt zu bringen, kann gesagt werden: Wie der Begriff „Situativer Ansatz" eine Verkürzung eines sehr differenzierten Arbeitsansatzes wie des „Situationsorientierten Ansatzes in der sozialpädagogischen Praxis" darstellt, so verkürzt und abgewandelt mußte sich den Kindern auch die Situation ihres alltäglichen Tuns zeigen. Die Räume boten den Kindern aufgrund ihrer Möbelfülle, ihrer Reizüberhäufung in optischer (ein Tierposter neben dem anderen) und akustischer Sicht (Lärm statt freudiger Lautstärke) und aufgrund einer fehlenden Struktur kaum Sicherheit. Vor allem fehlten *Orientierungshilfen,* eigene Aktivitäten zu spüren, ihnen *in Ruhe nachzugehen* und weiterzuentwickeln im Hinblick auf mögliche Tätigkeitsvorhaben, diese mit anderen Kindern abzustimmen und in ErzieherInnen Erwachsene zu finden, die sie begleiten und *mit* ihnen (nicht *für* die Kinder wie im Beispiel des Kindergartens A) das Vorhaben realisieren helfen.

Kindergarten C: Während einer Fortbildungswoche für MitarbeiterInnen zum Thema „Planung von Märchenprojekten und ihre Berücksichtigung in situationsorientiert arbeitenden Kindergärten" bot sich die Möglichkeit an, Kindergärten der TeilnehmerInnen zu besuchen. So führte der Weg u. a. in eine Einrichtung, die wie folgt beschrieben werden kann: Der Kindergarten bestand aus vier Kindergruppen, die alle in ihren Räumen den Vormittag miteinander verbrachten. Die Ausstattung sah dabei wie folgt aus: Jeder Raum war aufgeteilt in unterschiedliche Bereiche, wie z. B. mit einer Bau-, Puppen-, Ruhe- und Freispielecke, wobei der gesamte Platz außerhalb dieser „Funktionsbereiche" recht vollgestellt mit Tischen und Stühlen war. Die Kinder hatten die Möglichkeit, in der Zeit des Freispiels (7.30 Uhr bis 9.30 Uhr und 11.30 Uhr – 12.30 Uhr) selbstgewählte Tätigkeiten alleine oder mit anderen Kindern zu realisieren. Das Frühstück war von der Zeit her von den Kindern selbst zu nutzen, und in der Zeitspanne von 9.30 Uhr – 11.30 Uhr fanden Gemeinschaftsaktivitäten für alle Kinder statt („im Rahmen der Sozialerziehung", wie eine Erzieherin diese Zielsetzung nannte). Grundlage dieser gemeinsamen Aktivitäten waren die Beobachtungen der Gruppenerzieherin aus dem Freispiel. Von ihr selbst als bedeutsam eingeschätzte Ereignisse aus der Zeit zuvor griff sie noch einmal auf und regte Werkaktivitäten an, um „jeden Tag zumindest auf ein Kind situativ einzugehen". Zwar bestand nicht der „Zwang" für alle Kinder, sich mit allen anderen gemeinsam damit zu beschäftigen, doch übertrug sich die Erwartung der Erzieherin sehr stark auf die Kinder, doch „mitzumachen", so daß fast alle Kinder auch tatsächlich an der Gemeinschaftsaktivität teilnahmen. Es kam auch vor, daß begonnene und nicht fertiggestellte Werkaktivitäten am nächsten Tag von den Kindern in den Freispielzeiten fortgesetzt wurden, oder begonnene Werkarbeiten nach Hause mitgenommen oder am nächsten Tag in der „Zeit der Gemeinschaftsaktivitäten" noch einmal aufgegriffen und dort fertiggestellt wurden.

Grundsätzlicher Eindruck vom Kindergarten C

Ähnlich wie in der oben beschriebenen vorigen Einrichtung wurde von der Erzieherin versucht, den „Situationsorientierten Ansatz in der sozialpädagogischen Praxis“ zu einem Teil in die tägliche Arbeit zu integrieren, indem Einzelbeobachtungen registriert und in der „Zeit der Gemeinschaftsaktivitäten“ vertieft bearbeitet werden sollten. Heute war es „Aggressivität bei der Auseinandersetzung um ein bestimmtes Spielzeug“, gestern war es „die Traurigkeit von Melanie wegen der Krankheit ihrer besten Freundin“, morgen könnte es „die Wut über den Vater sein, der sein Versprechen nicht eingehalten hat“, und übermorgen könnte es vielleicht eine „nichtbewältigte, im Kindergarten nachgespielte Szene aus einem bestimmten Fernsehstück“ sein. Grundsätzlich ist die Bereitschaft und die Zielsetzung der Erzieherin in diesem Kindergarten hoch einzuschätzen, daß sie nämlich bewußt und gezielt die Spielzeit der Kinder dazu nutzt, selber Beobachtungen zu machen, diesen eine Bedeutung beizumessen und einzelne, ausgewählte, bedeutsame Beobachtungen für weitere Planungsaktivitäten zu berücksichtigen. Sie versucht dabei, allen Kindern gerecht zu werden, indem möglichst jeden Tag *ein Kind* im besonderen Maße Aufmerksamkeit erhält. Unberücksichtigt bleibt dabei jedoch, daß es *keine kontinuierliche* Arbeit in einem *mit Kindern geplanten Projekt* ist, sondern ein eher isoliertes, subjektiv gewähltes Beobachtungsergebnis darstellt, das in großer Kürze – und einer damit automatisch verbundenen *Verkürzung* – „abgehandelt wird“. Das „Situationsorientierte Arbeiten in der sozialpädagogischen Praxis“ wird verändert zu einer *„Anlaßpädagogik“*, indem *isolierte Situationen* mehr oder weniger *willkürlich* aus einem Zusammenhang herausgenommen und ebenso *isoliert aufgegriffen* und *individualistisch bearbeitet* werden sollen. Und genau das meint der „Situationsorientierte Ansatz in der sozialpädagogischen Praxis“ gerade *nicht.* Aneinandergereihte Anlässe ergeben in ihrer Menge nicht automatisch „ein Ganzes“. Zudem besteht die Gefahr, daß Kinder ähnlich wie durch vielfältigen Fernsehkonsum sehr viele angerissene Situationen in ihren Köpfen bewegen, ohne die Möglichkeit zu finden, diese wirklich mit Zeit ausgiebig zu verarbeiten. Aufgegriffene, angebotene und isolierte *Anlaßarbeit* erreicht damit das Gegenteil ihrer Absicht.

Gedanken zu den Beispielen und Anregungen zum Überdenken der eigenen Arbeit

Wie in der Vorbemerkung zu den drei Situationsbeschreibungen schon kurz erwähnt, sollen die Beispiele weder dazu dienen, die Arbeit der ErzieherInnen zu disqualifizieren, noch ging es darum, alltagstypisch hundertprozentig stimmige und für einen Großteil der Kindergärten zutreffende Aussagen zu treffen. Dennoch ist es möglich, grundsätzliche Erfahrungen anhand der Beispiele aufzuschlüsseln und Konsequenzen zu ziehen, die in dieser oder ähnlicher Form sicherlich zutreffen. Gleichzeitig bietet sich – wie alles in dem Buch – an, die eigene *Praxis* anhand der nun aufgestellten Gedanken alleine *und* gemeinsam im Team auf die eigene Gestaltung der Arbeit im Kindergarten zu beziehen.

Es fällt auf, daß

- das gemeinsame Leben und Lernen mit Kindern immer noch hauptsächlich in den Räumen des Kindergartens stattfindet;
- ein erkenntnisgeleitetes Arbeiten im Kindergarten vor allem *von den ErzieherInnen* ausgeht;
- in hohem Maße *für* Kinder gedacht wird statt *mit* ihnen;
- von ErzieherInnen aufgestellte *Lernziele* – natürlich im Interesse der Kinder – *ausschlaggebend* für die Gestaltung der Arbeit sind;
- der „Situationsorientierte Ansatz in der sozialpädagogischen Praxis“ nur *in Teilbereichen* übernommen, aber als „Situationsansatz“ bezeichnet wird;
- der „Situationsorientierte Ansatz in der sozialpädagogischen Praxis „häufig zur *Anlaßpädagogik* reduziert wird, indem MitarbeiterInnen spontane Ereignisse oder Erlebnisse von Kindern willkürlich aufgreifen und sehr kurzfristige Arbeitsvorhaben dazu entwickeln;
- der „Situationsorientierte Ansatz in der sozialpädagogischen Praxis“ auch damit *verwechselt* wird, Kinder einfach sich selber zu überlassen und abzuwarten, welche Situationen sich daraus ergeben werden;
- die *Zeitzerrissenheit* von Tagesabläufen auch heute noch in Kindergärten häufig anzutreffen ist;
- der „Situationsorientierte Ansatz in der sozialpädagogischen Praxis“ es bis heute nicht geschafft hat, sich in der *Praxis real durchzusetzen;*

- Bildungspolitiker ebenso wie Wissenschaftler aus der Elementarpädagogik es nicht vermochten, den „Situationsorientierten Ansatz in der sozialpädagogischen Praxis" wirklich *ernst zu nehmen* und dafür zu sorgen, daß er *verstanden* wird und in der Praxis Einzug halten kann;
- es offensichtlich auch Fortbildungsträger und ReferentInnen nur bedingt erreicht haben, daß TeilnehmerInnen ihrer Seminare den „Situationsorientierten Ansatz in der sozialpädagogischen Praxis" *verstehen* und in die *Praxis übertragen* konnten;
- Modellprojekte und Vorhaben in ihrer eigenen Erprobung weitgehend steckengeblieben sind, weil entweder die *Theorie* zu *praxisfern* oder die *Praxis* durch ungünstige *Rahmenbedingungen ungeeignet* war/ist für die erarbeitete und vorgestellte Theorie;
- die Resignation vieler ErzieherInnen, „ja doch nicht nach dem Situationsorientierten Ansatz arbeiten zu können", sehr verbreitet ist, und bei vielen MitarbeiterInnen die Neugierde darauf eher sinkt;
- das Thema „Situationsorientierter Ansatz in der sozialpädagogischen Praxis" trotz alledem *immer noch aktuell* ist und interessierte ErzieherInnen unter großem Arbeitseinsatz versuchen, *Teilaspekte zu verstehen und zu übertragen;*
- ErzieherInnen sich aufgrund der o.g. Punkte bezüglich der Umsetzung des „Situationsorientierten Ansatzes in der sozialpädagogischen Praxis" *alleingelassen* fühlen;
- die Merkmale der Lebensbiographien von Kindern mehr denn je Hinweise darauf geben, wie wichtig und angebracht der „Situationsorientierte Ansatz in der sozialpädagogischen Praxis" auch *heute* noch ist;
- das Vorurteil, der „Situationsorientierte Ansatz in der sozialpädagogischen Praxis" sei blanke Theorie und könne sich daher sowieso nicht durchsetzen, ebenso falsch ist wie das Vorurteil, dieser Arbeitsansatz sei mit *geplanter Arbeit* nicht zu verbinden.
- die alleinige *Absicht,* nach dem „Situationsorientierten Ansatz in der sozialpädagogischen Praxis" unter Ausblendung von notwendigen und anstehenden *Veränderungen der Praxis* zu arbeiten, nicht ausreicht;
- Ausbildungsstätten (Fachschulen und Fachakademien) offensichtlich noch mehr *Anstrengungen* unternehmen müssen, diesen kindorientierten Ansatz zu verdeutlichen, damit er in der Praxis noch mehr seinen Einzug findet.

2. Lebensbiographien und -situationen von Kindern heute und ihre Bedeutung für den „Situationsorientierten Ansatz in der sozialpädagogischen Praxis“

Es scheint völlig überflüssig zu sein, darauf hinzuweisen, daß sich jede Arbeit mit Kindern an den realen Gegebenheiten ihres Aufwachsens und ihrer Entwicklung zu orientieren hat. Vielleicht ist dieser Einführungssatz in das zweite Kapitel doch notwendig, auch wenn wir uns nur auf die drei zuvor genannten Arbeitsweisen in den erwähnten Kindergärten beziehen. Sicherlich ist es so, daß es im gemeinsamen Leben und Lernen mit Kindern zwei Möglichkeiten gibt: Auf der einen Seite kann sich der Kindergarten als eine Insel verstehen, auf der Kindern fern der realen und individuellen Lebensbedingungen eine Pädagogik geboten wird, die sich durch sich selbst erhält und dafür sorgt, daß Kinder in zwei unterschiedlichen Welten aufwachsen und daher immer auf der Suche sind, diese miteinander zu verbinden. Auf der anderen Seite kann sich der Kindergarten als ein Ort verstehen, der ein „Inselleben“ bewußt verneint, ein Kindergarten, der seine Pädagogik als einen aktiven Beitrag versteht, Kindern dabei zu helfen,

- ihre Situation zu fühlen, zu begreifen und zu verstehen,
- Handlungsmöglichkeiten zu entdecken und zu entwerfen, die darauf ausgerichtet sind, die Gegenwart als das wesentliche Stück ihres Lebens zu erfahren, in dem es sich lohnt, aktiv und lebendig zu *leben.*

Der „Situationsorientierte Ansatz in der sozialpädagogischen Praxis“ ist daher ganz eng mit den *aktuellen Daten der Lebenssituationen und Biographien der Kinder* verbunden. Er lehnt sich nicht an vergangenen Ansätzen an und steht nicht isoliert als ein „Ansatz der Zukunft“ in irgendwelchen Gedankenräumen irgendwelcher Fachleute. Ganz im Gegenteil: Dieser Ansatz versucht, die genauen Lebensbedingungen der Kinder in der Gruppe in Erfahrung zu bringen, um wirklich die pädagogische Forderung zu erfüllen,

daß nämlich die *Kindergartenarbeit auf der Grundlage der unterschiedlichen Lebensgeschichten der Kinder geschieht* – der Lebensgeschichten, die sich bis zum Kindergartenbesuch und auch während der Kindergartenzeit in die Seelen jedes einzelnen Kindes tief eingegraben haben und ihre mehr oder weniger starken Spuren deutlich oder undeutlich hinterließen.
Um die Einbettung des „Situationsorientierten Ansatzes in der sozialpädagogischen Praxis" in den Kindergartenalltag besser zu verstehen und gleichzeitig seine Notwendigkeit zu erfassen, ist es von besonderer Bedeutung, sich die *allgemeinen Lebenssituationen von Kindern heute* zu verdeutlichen, um nachvollziehen zu können, wie *dringend* eine *andere Pädagogik durch den Kindergarten* angezeigt ist.

So hat sich von Beginn der Nachkriegszeit an der Rahmen für das Aufwachsen von Kindern fortschreitend und kontinuierlich verändert.

Beispiele heutiger Lebenssituationen von vielen Kindergartenkindern

Kinder wurden ab der Mitte der 60er Jahre immer stärker als *Konsumenten* entdeckt, so daß sich immer mehr eine *eigene Kinderkonsumkultur* entwickelt hat im Hinblick auf Freizeittätigkeiten, Spielzeug, Sportaktivitäten und Mode.

Es entstanden *neue Curricula* innerhalb der Erziehungs- und Bildungseinrichtungen, die das *„kognitive Lernen"* in einem Maße berücksichtigten, wie es bis dahin noch nicht stattgefunden hatte.

Spezialisierungen in der Freizeit – nicht mehr das „Einfach-einmal-spielen-Gehen" – schoben sich immer mehr in den Vordergrund, so daß ein Gang zum Waldspielplatz, zum Abenteuerspielplatz, zum Spielmobil, zum Kleinkindspielplatz oder zum Kuschelzoo, zum „tropischen Hallenbaderlebnis" oder zum Museumserkundungsspiel wohl überlegt sein wollte/will.

Fachliteratur (Elternratgeber) für Väter und Mütter, die ihr Interesse an einer *kinderorientierten Pädagogik* bekundeten, stand mehr denn je zur Verfügung, allerdings mit dem Ergebnis, daß viele Eltern eher *verunsichert* wurden, als in ihrer Suche alte Sicherheiten bestätigt fanden bzw. neue Handlungsschritte kompetent entwickelten.

Spielzeug wurde immer mehr als ein *pädagogisches Lernmittelgerät* entdeckt, mit dessen Hilfe es möglich erschien, Entwicklungsdefizite bei Kindern aufzudecken und verändern zu helfen. Spiel, Spaß und Freude der Kinder an und mit ihrem Spielzeug wurde dabei immer mehr in den Hintergrund geschoben, weil es galt – und sicherlich ist es auch noch heute häufig so – *„defizitäre Entwicklungen"* aufzuarbeiten.

Schwerpunktzentren der „Bildungsanstalt Schule" setzten sich immer mehr durch auf Kosten kleinerer Schulen in Dörfern und Gemeinden, so daß es für Kinder galt, Abschied von ihren Dorfgemeinschaften für einen großen Teil des Tages zu nehmen und sich notgedrungen auf die neuen Bildungszentren einzulassen.

Die *Zunahme des Straßenverkehrs* wurde immer stärker, der Autoverkehr immer dichter, der Lärm immer intensiver und die Zersiedelung der Landschaft immer kinderfeindlicher.

Viele unbebaute Grundstücke, freie Plätze und Gegenden mit altem Haus- oder Baumbestand wurden dahingehend verändert, daß sie Parkhäusern, Golfplätzen oder anderen sterilen Grünanlagen, neuen Wohnblocks oder Straßentangenten weichen mußten, so daß sich *gerade in der (un)mittelbaren Wohnumwelt eine gravierende Wandlung* für das Spiel- und Aufenthaltsverhalten von Kindern ergeben mußte.

Diese *Zerrissenheit der Lebens- und Aufenthaltsräume* für Kinder (und natürlich auch für ihre Eltern) hat(te) zur Folge, daß natürliche Spielorte, wo sich Kinder verabreden und treffen konnten, für die Gegenwart und Zukunft nicht mehr zur Verfügung standen.

Selbstgewählte Verabredungen mußten von nun an immer mehr daraufhin *abgesprochen* werden, ob, wann und wo ein Treffen möglich ist und u. U. *wie* sich die Kinder treffen könnten, zumal die Entfernungen zwischen den Wohnhäusern häufig immer größer wurden.

Aufgrund besonderer ökonomischer Bedingungen wurde von den *arbeitenden Elternteilen* immer mehr erwartet, daß sie in ihrer Entscheidung, ihren Arbeitsplatz behalten zu können, *flexibler* sein müssen als je zuvor. Dasselbe galt/gilt für Väter und Mütter, die zur Zeit ohne Arbeit waren/sind. So standen entweder *häufigere Umzüge* der gesamten Familie auf dem Programm, damit eine neue Arbeit an einem anderen Ort aufgenommen werden konnte, oder Väter/Mütter als HauptverdienerInnen mußten teilweise sehr *lange Fahrwege* zum Arbeitsplatz in Kauf nehmen, um ihren

Arbeitsplatz zu behalten. Kinder hatten und haben daher nicht selten täglich für eine sehr lange Zeit auf die Anwesenheit eines Elternteils / beider Elternteile zu verzichten.

Immer weniger leben drei Generationen in einem Haushalt zusammen, in dem Großeltern, Eltern und Kinder *gemeinsam* ihr Leben gestalten, miteinander abstimmen und eine Form des Zusammenlebens realisieren, die als natürlich und grundsätzlich hilfreich bezeichnet werden kann.

Immer mehr Kinder *leben nur mit einem Elternteil zusammen,* da die Zahl der Ehescheidungen kontinuierlich steigt und eine Höhe erreicht hat, die bisher so im Vergleich mit vorigen Jahren und Jahrzehnten noch nicht vorhanden war.

Die *Anzahl der Kinder* in den Familien ist zurückgegangen.

Familien, in denen drei oder vier Kinder gemeinsam aufwachsen, sind immer mehr zu einer *Minderheit* geworden, und Reaktionen auf eine „solche kinderreiche Familie" werden entweder mit einem Stempel des „Exotischen" oder der „Asozialität" versehen.

Fehlende Geschwistererfahrungen der vielen Einzelkinder lassen darauf schließen, daß ihnen mögliche Sozialkontakte fehlen und ihnen damit eine Erfahrungswelt verlorengeht, die durchaus ihre Bedeutung hatte und hat.

Mütter stehen Kindern oftmals nicht mehr in dem Maße zur Verfügung, wie es noch bis in die fünfziger Jahre hinein der Fall gewesen ist.

Mehr als 1 Million Kinder und Jugendliche sind von *Scheidungen* ihrer Eltern z. Zt. betroffen.

Technische Hilfen und vereinfachte *Arbeitsvorgänge im Haushalt* haben dazu geführt, daß Wohnungen und *Haushalte immer technisierter wurden* und Kinder nicht mehr die unmittelbaren Erfahrungen machen können, wie Arbeitsvorgänge geschehen und welche Sinnverbindungen zwischen einzelnen Abläufen bestehen.

Kinder können daher im Haushalt immer weniger *begreifen;* sie konstatieren allenfalls, *daß* es so ist, wie eben ein Arbeitsvorgang geschieht.

Mitarbeit im Haushalt wird heute überwiegend als eine „pädagogische Maßnahme" von Eltern eingesetzt, wobei der Sinn einer notwendigen Mithilfe in einem „ganz normalen Mitarbeitsverständnis" verlorengeht.

Spielkontakte werden immer mehr – gerade in großen Städten oder Trabantensiedlungen – von Eltern *für* Kinder geplant und abgesprochen, weil es das reale Umfeld häufig nicht zuläßt, auf andere Art und Weise zu Spielkameraden zu finden. (Besonders deutlich wird dies durch die vielen Anzeigen in Tageszeitungen.)

Kinder sind von der *erwachsenen Arbeitswelt ihrer Eltern* weitestgehend ausgeschlossen. Sie wissen zwar, daß Mutter oder Vater „zur Arbeit fahren", doch was sich letztendlich hinter dem Begriff versteckt, bleibt eine lange Zeit für sie ein Geheimnis.

Besondere Kinderarrangements wie Kindergeburtstage, Kinderturnen, Kinderfernsehen, Kindersendungen, Kindermalen, Kindermusikkurse usw. sind für Kinder besonders *arrangierte Organisationstreffen,* die dabei helfen sollen, daß Kinder wenigstens die eingeschränkten Möglichkeiten des Zusammenseins noch erfahren können.

Erwachsene klagen aufgrund eigener Belastungen und intensiver gespürter Anforderungen an sie immer mehr über *Probleme* und *Schwierigkeiten,* die sich allerdings nicht einfach im Umgang mit Kindern abstellen lassen, sondern sich natürlich auf die *Emotionalität von Kindern* überträgt.

Kindern fehlt im Vergleich zu früheren Jahren immer mehr ein *direkter Bezug zur Natur* und zu einer *natürlichen Umwelt.* Waren es früher die Wälder, Wäldchen, Baumalleen und Heckengebüsche, so sind es heute „kultivierte Hecken", eingeengte Einzelbäume in Wohngegenden und vereinzelte Sträucher, die zwar das Leben in der Umgebung etwas grüner werden lassen, doch sind es gerade diese Restgrünflächen, die auch nur in vielen Fällen als „Anschauungsobjekte" den Kindern zur Verfügung stehen.

Und schließlich ist die *Zunahme des Medienkonsums Fernsehen und Video* zu nennen, der gerade durch die Einführung des Kabelprogrammes, die vermeintlichen Kindersendungen und das breite Angebot überhaupt dazu führt, daß Kinder in immer stärkerem Maße dem Medienkonsum eine Bedeutung schenken (müssen). Die traditionelle „Schrift- und Verbalsprache" wird zunehmend von einer „Bildsprache" abgelöst, und die so wichtige Aneignung von Welt durch *Neugierde, Experimentieren, Handeln, Tun* und *Welterschließung* gerät vermehrt ins Abseits.

Zunehmende Erwartungen von Eltern an ihre Kinder führen schließlich dazu, daß von vielen Kindern das Leben als ein *Lern-, Leistungs- und Erwartungsdruck* erlebt wird, dem sie sich aufgrund ihrer Rolle nicht oder nur kaum entziehen können.

Beispiele dafür, wie es heute vielen Kindern geht

So kann es nicht ausbleiben, daß sich einzelne Bedingungen oder Einflüsse, die sich in ihrer Wertigkeit ergänzen, auf das seelische Gleichgewicht von Kindern auswirken und sich dabei in Form von „Schwierigkeiten und Störungen" *bemerkbar* machen:

Laut Auskunft der „Vorsorge-Initiative der Deutschen Behindertenhilfe Aktion Sorgenkind", die ein paar Zahlen in Zusammenarbeit mit der „Deutschen Gesellschaft für Kinderheilkunde", der „Deutschen Gesellschaft für Kinder- und Jugendpsychiatrie" und der „Deutschen Gesellschaft für Sozialpädiatrie" ermittelt und veröffentlicht hat, sieht es zur Zeit in Deutschland so aus,

- daß jeden Tag *über 100 Kinder bei einem Sorgentelefon anrufen,* weil sie anstehende Probleme nicht alleine lösen können, sich allein gelassen fühlen oder mit Belastungen nicht fertigwerden können;
- daß jährlich über 40 000 Kinder von zu Hause fortlaufen, nicht, weil sie „einfach Lust dazu verspüren", sondern Bedingungen erleben müssen, denen sie körperlich oder seelisch nicht mehr gewachsen sind;
- daß nach Auskunft der Polizei pro Jahr gegen mehr als 70 000 Kinder und Jugendliche unter 14 Jahren wegen Verdacht auf eine Straftat ermittelt wird;
- daß täglich 38 Kinder versuchen, sich das Leben zu nehmen, und die Zahlen deutliche Tendenzen aufweisen, daß Suizidversuche zunehmen (werden).

Andere Untersuchungen ergänzen bzw. unterstützen diese für Kinder und Erwachsene alarmierenden Zahlen.

So schätzt der Bielefelder Kinder- und Jugendforscher Klaus Hurrelmann den Anteil der massiven seelischen Störungen bei Kindern und Jugendlichen auf weit über 10 Prozent, wobei nach seinen Darstellungen gerade die psychosomatischen Störungen noch weitaus höher liegen: rund vierzig Prozent der Kinder leiden in Deutschland an

- *Nervosität,*
- *Unruhe,*
- *Rückenschmerzen,*
- *Magenbeschwerden,*
- *Schlafstörungen*

mit *steigender Tendenz.* Offensichtlich greifen *Streßsymptome, Belastungssituationen* und *Überforderungen* das Immunsystem der Kinder so stark an, daß es in sich zusammenbricht und sich in Form psychosomatischer Erkrankungen zeigt (Psychologie heute, 2/90).

H. Zeiher weist auf den Zusammenhang von Wut, Ärger, Zorn, Erschöpfung und Trauer und ausgelösten Streßsymptomen hin, so daß die Gefühle

- *Entspannung, Zufriedenheit, Sinnerfahrung, Stärke und Kraft* immer

seltener von Kindern erlebt werden. Wenn nun die Zahlen zur „sexuellen Mißhandlung an Mädchen und Jungen(!)" dazukommen (Enders: geschätzte Zahlen im Sinne einer realistischen, statistisch haltbaren Größenordnung von 300 000 Mißhandlungen pro Jahr) und die erschreckenden Berichte und Zahlen der zunehmenden körperlichen Kindesmißhandlung dazugerechnet werden (lt. Spiegel Nr. 35/1990 beträgt die Zahl der polizeilich registrierten Fälle ca. 15 000 pro Jahr, die der im Bereich durch die öffentliche Jugendhilfe erfaßten Vorkommen ca. 60 000 pro Jahr, wobei *jährlich über 200 Kinder an den Folgen elterlicher Mißhandlungen sterben*), dann müssen mit Sicherheit die Grundwerte und ihre Umsetzung in die Praxis bezüglich einer kindorientierten Elementarpädagogik neu überdacht werden.

Um es deutlich auf den Punkt zu bringen:
- Es geht bei aller Nennung heutiger Kindheitsdaten *nicht* um eine idealtypische Aufwertung der Vergangenheit;
- es geht bei aller Veränderung heutiger Kindheitsbedingungen *nicht* um eine Kindheitsidealisierung vergangener Epochen;
- es geht bei aller Hintergrundsbenennung *nicht* um ein öffentliches Brandmarken einzelner Bedingungen oder Personen, weil damit Sinnzusammenhänge außer acht gelassen werden würden.

Veränderte Kindheiten haben direkte Auswirkungen auf die Entwicklung von Kindern

Worum es geht, ist der deutliche Hinweis,
- daß sich die Welt für Erwachsene und Kinder entscheidend verändert hat *und* daß eine Veränderung von Bedingungen auch eine Veränderung der Praxis im Kindergarten notwendig macht;
- daß Kindheit als eigenständiger Entwicklungs(zeit)raum immer mehr beschnitten wird und er als solcher nicht mehr existiert;
- daß eine Betroffenheit bei Erwachsenen offensichtlich noch nicht die Stärke erreicht hat, die Praxis kindorientierter zu gestalten.

Dr. Theo Winkels hat in seiner Arbeit „Kindheit im Wandel – Überlegungen zum Kindsein heute“ (1987) vier Thesen aufgestellt, die im folgenden wiederzugeben und durch weitere Thesen zu ergänzen sind:

These 1: Veränderte Kindheit, so wie sie heute ist, bedeutet für Kinder eine wesentliche Einschränkung der notwendigen Möglichkeiten, soziale Erfahrungen in unmittelbarer und mittelbarer Umgebung zu machen.

These 2: Veränderte Kindheit ist durch einen weitestgehenden Verlust einer kontinuierlichen, emotional-stabilen Basis gekennzeichnet.

These 3: Veränderte Kindheit ist geprägt von einer Art der Welterschließung, die sich fast ausschließlich und in einer großen Dichte „indirekt“ über Medien vollzieht.

These 4: Veränderte Kindheit heißt, in verstärktem Maße unter Leistungsanforderungen, Konsumausgerichtetheit und erwachsenenorientierten Erwartungen zu stehen.

These 5: Veränderte Kindheit vollzieht sich immer mehr in einem Feld zunehmender „Verpädagogisierung“ und „Therapeutisierung“ einzelner Lebensbereiche.

These 6: Veränderte Kindheit geschieht in zunehmendem Maße als ein „Aufwachsen in vorgegebenen Bedingungen“, die immer weniger Platz für Kinder lassen, *eigene Ideen, eigene Wünsche und Vorstellungen* in Handlungs*spielräumen* auszuprobieren, sich dort zu erfahren und als aktiv handelnder *Bewirker* zu erleben.

These 7: Veränderte Kindheit verlangt heute von Eltern und Kindern, das eigene Leben *geplant zu managen.* Wer dies nicht tut oder tun kann, der bleibt alleine und isoliert.

These 8: Veränderte Kindheit hat die Selbstbestimmungsmöglichkeiten von Kindern erheblich reduziert. Es können *Programme gewählt* werden, die in den Tagesablauf passen, so daß der Alltag das Ergebnis aus dem *Zusammensetzen von vorgefertigten Einzelbausteinen* ist.

Es zeigt sich, daß die Biographien von Kindern damit grundsätzlich gekennzeichnet sind durch

a) zerteilte Kinderzeiten,
b) eingegrenzte Kinderräume und
c) zerrissene Kinderwelten.

Trotz der vielen sicherlich unterschiedlichen Lebenslagen von Kindern und ihrer vielfältigen Lebensbedingungen gibt es Zusammenhänge heutiger Kindheiten, die nicht außer acht gelassen werden können, wenn es um die Frage nach dem Verständnis von Kindergartenarbeit und der Gestaltung von Kindergartenpraxis geht.

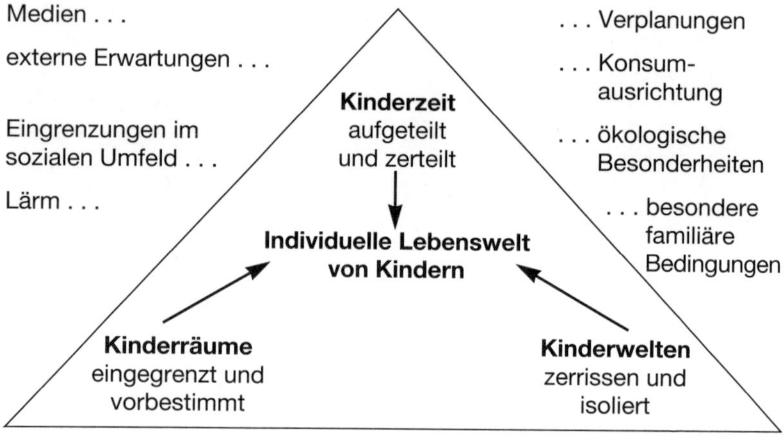

Wenn also, ausgehend von den oben erwähnten – mehr oder weniger, aber dennoch grundsätzlich zutreffenden – Lebensbedingungen und -situationen von einzelnen Kindern, Rückschlüsse auf ihre Entwicklung gezogen werden, dann zeigt sich mehr denn je, daß Erwachsene Kindern die Möglichkeiten bieten und gemeinsam mit ihnen erarbeiten müssen, die ihnen dabei helfen,

- *Kinderzeiten ohne Zerteilungen zu erleben,*
- *Kinderräume in größeren Grenzen zu erfahren* und
- *Kinderwelten in Zusammenhängen zu begreifen.*

Der „Situationsorientierte Ansatz in der sozialpädagogischen Praxis" versteht sich dabei als Arbeitsansatz, der Kindern *und* Eltern – und natürlich auch den ErzieherInnen selbst – die vielfältigen Chancen zu bieten versucht, Kindergartenarbeit als eine Form der *Entwicklungsunterstützung* in Sinnzusammenhängen zu verstehen und das alltägliche „Miteinander Leben und Lernen" *mit Kindern und Eltern* so zu organisieren, daß Zeit, Raum und Lebenswelt *bewußt (neu) erfahren werden* können, um die Grundlage von Entwicklung zu festigen.

3. Ganzheitliche Pädagogik = ganzheitliches Leben und Lernen mit Kindern

Fangen wir am besten zunächst mit einigen Beispielen an.

Nele, Jana und Tobias spielen auf dem Kindergartengelände im Garten. Alle drei haben sich etwas von den anderen Kindern zurückgezogen, um offensichtlich etwas abgeschirmt von den anderen alleine spielen zu können. So hocken die drei in der Nähe eines Gebüsches und plaudern miteinander. Nach einiger Zeit steht Nele auf und holt sich aus der Sandkiste zwei volle Eimer Sand, Tobias geht kurz darauf zum Wasserhahn, holt in denselben Eimern Wasser, und alle drei rühren einen „Matschbrei" zusammen, um etwas herzustellen. Bei näherem Hinsehen entpuppt sich das Ganze als die Umrandung einer kleinen Feuerstelle. Nun begeben sich alle drei Kinder auf Holzsuche, und dabei versuchen sie kleine, trokkene Äste von den Bäumen und Sträuchern abzubrechen, in einer Ecke des Geländes vom Hausmeister ausgesonderte und kaputte Stühle abzuschleppen und schließlich aus dem Werkraum eine Säge zu holen, um die großen Holzteile zu zerkleinern. Jana ist in der Zwischenzeit ein zweites Mal unterwegs in die Gruppenküche, schafft einen Wasserkessel und einen Topf herbei, um auf der Feuerstelle schließlich „Essen für alle fleißigen Handwerker zu kochen". Und gerade jetzt – beim schönsten Augenblick der Arbeit – kommt die Gruppenerzieherin herangeeilt, schaut sich „das Werk" an und versucht in Ruhe, aber bestimmt, den Kindern zu verdeutlichen, daß ihr Vorhaben so nicht möglich ist und nicht sein darf.

- „Der Sand gehört doch in den Sandkasten, Stellt euch mal vor, daß alle Kinder daraus Sand holen; dann wäre bald gar nichts mehr zum Spielen dort." *(= Eingrenzung des Raumes)*
- „Die Äste, die von den Bäumen und Sträuchern abgerissen wurden, gehören dem Baum und den Sträuchern. Ich kann mir vorstellen, daß es den Pflanzen wehtut, so abgerissen zu werden." *(= Isolierung der Welt)*
- „Durch das Matschen mit dem Wasser ist ja eure Kleidung ganz schmutzig geworden." *(= Eingrenzung des Raumes)*
- „Und Feuermachen – bei diesem heißen Wetter – ist viel zu gefährlich. Wenn da mal eine Funke zu unserem Kindergarten rüberspringt." (Dies war wegen der Entfernung nicht möglich). *(= Isolierung getrennter Welten)*

- „Und das Hantieren mit der Säge ist auch zu gefährlich. Schaut mal, welch scharfen Zähne die Säge hat. Einmal damit ausgerutscht, und schon kann's zu einer bösen Verletzung kommen." *(= Isolierung getrennter Welten)*
- „Der Wasserkessel und der Kochtopf gehören in die Küche. Damit macht Frau M. unser Essen, und wenn sie keine Töpfe hat, dann kann sie auch nicht für uns kochen." *(= Isolierung getrennter Welten)*
- „Jetzt bringt bitte einmal alle Gegenstände, die ihr hier hergeholt habt, wieder an ihren richtigen Platz zurück und kommt dann bitte in unseren Gruppenraum. Wir wollen jetzt gemeinsam frühstücken." *(= Isolierung und Aufrechterhaltung getrennter Welten* und *Aufteilung der Kinderzeit unter Herstellung einer weiteren isolierten Kinderwelt)*

Ein zweites Beispiel sollte zur weiteren Verdeutlichung angefügt werden.

Nora, Tim und Marius haben zwischen den Gehwegplatten des Kindergartens eine Kellerassel gefunden, und voller Glückseligkeit, ein kleines, lebendiges Tier mit in den Gruppenraum bringen zu können, legen sie die Kellerassel zunächst in ein leeres Trinkglas, das in ihrer Nähe steht. Dann beginnen sie damit, auf die Suche zu gehen, Materialien für ihren „Kellerasselkäfig" zu finden. Aus dem Materialschrank holen sie buntes Seidenpapier, Klebstoff, Stützhölzchen für Topfpflanzen, ein kleines Stofftier, Legobausteine und Geschenkschleifen, dazu ein Messer vom Frühstückstisch und ein wenig Watte von dem am Fenster hängenden Marionettennikolaus. Auch hier ist es so, daß nach einiger Zeit die Gruppenerzieherin dazukommt und die drei Kinder fragt, was sie denn da Tolles bauen. Und nachdem die Kinder ihr Geheimnis verraten und die Erzieherin „das Durcheinander auf dem Tisch" erst richtig erblickt hat, bittet sie die Kinder, wieder alles an seinen Platz zurückzubringen.

- „Die Kellerassel will in keinem Käfig gehalten werden, weil sie nur im Freien leben kann." *(= Isolierung von Welten)*
- „Und ich weiß nicht, ob jetzt noch jemand aus dem Glas trinken mag, wo sich ein Tier aufgehalten hat." *(= Isolierung getrennter Welten)*
- „Das Seidenpapier wollten wir doch für die Geschenke zum Einpacken benutzen. Nun ist es zerknittert." *(= Zerrissenheit der Welt)*
- „Und die Stützhölzchen sind nun zerbrochen. Die können wir

wegwerfen, weil niemand mit den kurzen Stückchen was anfangen kann." *(= Isolierung getrennter Welten)*
- „Die Legobausteine gehören doch in die Legoecke. Andere Kinder suchen jetzt vielleicht die fehlenden Steine." *(= Isolierung von Welten)*
- „Das Messer wird bestimmt durch das Rumhacken auf dem Holz stumpf, und wir können dann nicht mehr unsere Brote damit schneiden." *(= Vorbestimmung der Kinderräume)*
- „Die Watte ist doch aus dem Bart des Nikolaus gezupft. Er sollte da genauso hängenbleiben, wie er ist, damit wir auch im nächsten Jahr, wenn wir ihn wieder vorholen, was haben." *(= Aufteilung der Kinderzeit)*
- Bring die Assel bitte wieder an ihren Platz draußen bei den Gehwegplatten zurück." *(= Vorbestimmung des Raums)*

Soweit die beiden Beispiele.

Alltägliche Ereignisse, die Kinder prägen

Worum es hierbei *nicht geht*, ist die Akzeptanz der Vorhaben und Tätigkeiten der Kinder. Vielmehr zeigen die Beispiele eindrucksvoll, wie intensiv und kaum bemerkt die Kinderzeiten auf- und zerteilt werden, die Kinderräume vorbestimmt und eingegrenzt werden und die Kinderwelten isoliert und zerrissen sind. Dies geschieht bei den Hunderten von Beispielen tagtäglich in der „ganz normalen Praxis". Unbemerkt und leise schleichend erfolgt es vor unseren Augen, doch leider ist die eigene Wahrnehmung von all dem schon so weit entfernt, daß es uns kaum gelingt, die kleinen Ereignisse wahrzunehmen, zu bemerken und zu verändern. Doch *was wollten die Kinder eigentlich mit ihrem Handeln tun?*

Kinder streben nach zu erlebenden Einheiten von Innen- und Außenwelten

- Kinder wollen gestalten, gespürten Bedürfnissen und eigenen Ideen nachgehen und durchdachte/angedachte Gedanken *in Handlung umsetzen.*
  Das ist kindgemäßes, entwicklungspsychologisch völlig angemessenes Verhalten.

- Kinder wollen vorgegebene Funktionsräume nutzen im Sinne einer verbundenen Einheit. Sie möchten Festlegungen von bestimmten Funktionen entrinnen.
  Das ist kindgemäßes, entwicklungspsychologisch völlig angemessenes Verhalten.
- Kinder möchten Innen- und Außenwelten entsprechend ihrem sinnverbundenen Begreifen der Welt in eine direkte Beziehung miteinander setzen.
  Das ist kindgemäßes, entwicklungspsychologisch völlig angemessenes Verhalten.
- Kinder möchten den Verlust ihrer Erfahrung, der sie täglich in ihrem Leben begleitet, dadurch ausgleichen, indem sie von Erwachsenen festgelegte Zweckbestimmungen wenig / nicht beachten, weil ihr Einfallsreichtum sehr groß ist.
  Das ist kindgemäßes, entwicklungspsychologisch völlig angemessenes Verhalten.
- Kinder durchbrechen im Erleben ihrer Gefühle dadurch häufig die vorgegebenen Rahmenwerte und handeln aufgrund eigener Dispositionen.
  Das ist kindgemäßes, entwicklungspsychologisch völlig angemessenes Verhalten.
- Kinder denken und empfinden ganzheitlich, so daß sie ihre Vorhaben sofort umsetzen möchten.
  Dieser Zeitrhythmus ist kindgemäß und entwicklungspsychologisch begründet.
- Die Erfahrung ihrer Umwelt geschieht als Einheit. Genauso, wie Kinder beim Aufräumen alles, was z. B. zu einer bestimmten Bauszene gehört, in *einen* Karton legen, *ohne dabei* die einzelnen Materialien genau zuzuordnen – weil eben die Straße, die Autos, die Häuser und die Figuren *eine Einheit sind* –, genauso wünschen Kinder ihre Erfahrungen auch einheitlich zu begreifen.
  Dieser Rhythmus von Einheit ist kindgemäß und entwicklungspsychologisch begründet.
- Kinder erfahren ihre Welt durch *Selbstaktivität,* und ihr Wissen basiert zum größten Teil auf real gemachten Erfahrungen durch die *unmittelbare Begegnung mit Gegenständen, Objekten, Menschen, Tieren und Situationen.*
  Dieser Drang nach ungebremster Selbstaktivität ist kindgemäß und entwicklungspsychologisch begründet.

- Das Leben des Kindes ist auf die eigene Gegenwart ausgerichtet. Hier sind Vergangenheit und Zukunft der Gegenwart völlig untergeordnet. Ein stimmiges Beispiel ist sicherlich das vielen Erwachsenen bekannte „Phänomen“, daß Kinder bei anstehenden Ereignissen, Versprechungen oder in Aussicht gestellten Aktivitäten kaum abwarten können und am liebsten das Ereignis *jetzt, sofort* und *unmittelbar erleben möchten.*
  Dieser Wunsch nach Gegenwartserlebnissen ist kindgemäß und entwicklungspsychologisch begründet.

Kinder sind von daher – entsprechend entwicklungspsychologischer Gesetzmäßigkeiten und entwicklungsphysiologischer Bedingungen – *anders als Erwachsene.* Ihre Reaktionen sind schwerer voraussagbar, unberechenbarer, und Kinder wehren sich zu Recht, in Zeitplänen abgefertigt zu werden.

Kinder durchkreuzen daher häufig die Planungen von Erwachsenen, nicht, weil sie Erwachsene ärgern möchten, sondern weil es ihrer Natur entspricht, spontaner, lebendiger, freier, experimentierfreudiger, handlungsorientierter und neugieriger zu sein, als es viele Erwachsene sind. Insoweit treffen in der Begegnung von Kindern und Erwachsenen *immer zwei Welten aufeinander,* und die Pädagogik – gerade die Elementarpädagogik – sollte und muß darauf achten, daß sich die entwicklungspsychologische und -physiologische Welt der Kinder nicht durch Macht – gegen besseres Wissen und aus Unkenntnis heraus – der Welt der Erwachsenen anzugleichen hat.

> Die Natur will, daß die Kinder Kinder seien, ehe sie Erwachsene werden.
> Wollen wir diese Ordnung umkehren, so werden wir frühreife Früchte hervorbringen: /..../
> jugendliche Greise und greise Jugendliche. Jean Jacques Rousseau

Ganzheitliches Leben und Lernen mit Kindern bedeutet demnach, ihnen die Möglichkeit zu geben, verlorene, noch nicht gefundene oder neu zu entdeckende Sinnzusammenhänge erfahren zu lassen unter Beachtung von genügend eingeräumter Zeit, vielfältiger Außenerfahrungen (Lernen vor Ort), und dies alles in der Akzeptanz, daß Kinder Fehler machen dürfen und sollen, *weil sie Kinder sind.* Ganzheitliches Leben und Lernen versucht bewußt, eingegrenzte

Räume zu erweitern im Rahmen der Nutzung aller Möglichkeiten der Einrichtung, der Akzeptanz eigener persönlicher Entscheidungen von Seiten der Erzieherin aus und unter Wertschätzung der Spontaneität von Kindern (Offenheit von Vorhaben).

Erst wenn Kinder wieder innerhalb und außerhalb des Kindergartens einen Lebensraum finden, in dem sie

- alleine, mit sich selber, umgehen können;
- mit anderen Kindern Kontakte aufbauen, ausbauen, aber auch abbrechen können;
- Belastungen erleben und die Erfahrung machen können, diese auszuhalten und zu verändern;
- einen aktiven Part übernehmen;
- nicht mit perfekt vorbereiteten Angeboten überstülpt werden;
- eigenverantwortlich und
- mit viel Zeit umgehen können,

und dies alles in Kinder ureigener Ganzheitlichkeit erleben dürfen (siehe Entwicklungskreis), dann wird der Begriff der „ganzheitlichen Erziehung" Realität und kommt aus seiner Grauzone eines vielbenutzten, aber häufig inhaltsleeren Wortes endlich heraus.

Der Entwicklungskreislauf

(Gleichzeitige Aktivierungsmöglichkeiten aller Entwicklungsbereiche bei *einem Vorhaben, einer Aktivität, einem Projekt*).

Werthaltungen und Einstellungen sind dabei das Ergebnis der Erfahrungen, die aus der Rückkopplung erlebter Gefühle entstehen.

Ganzheitliches Leben kann nur dort geschehen, wo die verschiedenen Entwicklungsbereiche von Kindern *gleichzeitig* umgesetzt werden können und nicht in Stufen *teilheitlich* zersplittert werden.

Dieser Entwicklungskreislauf versucht also, die Tatsache deutlich werden zu lassen, daß *Entwicklung von Kindern* danach strebt, daß alle (im Idealfall) bzw. möglichst viele (durchaus realistisch) Entwicklungsbereiche während *einer Tätigkeit* durch die Kinder selbst unterstützt werden.

Ganzheitliches Lernen

Zur Verdeutlichung sei ein Beispiel aus der Praxis wiedergegeben:

Berrit, ein fünfjähriges Mädchen, steuerte im Gruppenraum zielsicher auf ihre Freundin Theresia zu. Sie stellte sich dabei vor Theresia und begann zu erzählen, wozu sie Lust hätte *(Bekundung ihres Interesses).* Dabei erzählte sie ausgiebig über ihre Wünsche und Vorstellungen, wie sie sich einmal ihre Hochzeit mit Jan, ihrem Freund, vorstelle *(Sprache und Sprechen).* Berrit führte Theresia dann zuerst zur Verkleidungskiste, dann zum Spiegel und probierte mit ihrer Hilfe viele, viele unterschiedliche Sachen an *(Sozialer Bereich).* Aber offenbar reichten die Hüte, Schleifen, Schals und Schleier nicht aus. Berrit überlegte, setzte sich dabei auf die Matratze in der Kuschelecke, ging dann zum Materialschrank, in dem aus ihrer Sicht wunderschöne Stoffreste lagen. Sie schaute diese mit Theresia durch, und beide Mädchen entschlossen sich, ein Kleid herzustellen, das alle bisherigen Hochzeitskleider weit in den Schatten stellen sollte. Die Frage war nur: Wie sollten sie die Stoffreste miteinander verbinden? Nadel und Faden waren nicht vorhanden, weil sie schon von anderen Kindern zur Zeit belegt waren. Berrit überlegte weiter *(Denken).* Dann plötzlich kam ihr wohl eine Idee. Sie ging zum Kerzenschrank und schmolz mit Erlaubnis der Erzieherin alle Kerzenstummel in einem Topf ein, weil sie wußte, daß Kerzenwachs bei entsprechender Hitze flüssig wird *(Intelligenz).* Nachdem der Prozeß des Flüssigwerdens abgeschlossen war, legte sie einen großen Streifen Papier auf dem Fußboden aus, legte sich darauf, ließ ihren Körperumriß von Theresia auf dem Papier aufzeichnen, legte die Stoffe in der von ihr gewünschten Zusammenstellung obenauf und begann nun damit, die Stoffreste mit dem flüssigen Wachs an ihren Enden miteinander zu verbinden. Das war ein ständiges Hin- und Hergehen zwischen dem neuen „Brautflickerlkleid" und dem heißen Wachs *(Motorik).* Auf ihre Idee der neuen „Verklebungstechnik" war sie stolz *(Phantasie).* Als es auch nach ausdauernder Arbeit klappte und sie in ihrem Vorhaben bestätigte, das Richtige getan zu haben (= Umsetzung der Phantasie = *Kreativität*), zog sie das Kleid an und tanzte vor Freude

(= Gefühle). Der Umstand, daß ihr auserwählter Bräutigam Jan wegen des Weiterspielens mit Heiko keine Lust zur Heirat hatte, störte Berrit auch nicht weiter. Sie entschloß sich, mit Theresia ab sofort eine Modeboutique zu eröffnen.

Soweit das Beispiel zur Verdeutlichung des Entwicklungskreislaufes. Bleibt noch nachzutragen, daß die Erzieherin die Aufmerksamkeit der anderen Kinder ebenso beobachtet hatte wie die große Freude der beiden Mädchen, Kleidung nach eigenen Vorschlägen zu entwerfen und herzustellen.

In einem Gespräch mit der Mutter von Berrit erzählte sie von dem vormittäglichen Arbeitsvorhaben ihrer Tochter, so daß sich die Mutter bereit erklärte, am Nachmittag mit ihr ein Modegeschäft mit dazugehöriger Schneiderei zu besuchen *(= Erfahrung außerhalb des Kindergartens).* In der Gruppe selbst entstand ein fast vierwöchiges Projekt zum Thema „Kleidung zu verschiedenen Jahreszeiten und in fremden Ländern“, in denen ebenso unterschiedliche Interessen der Kinder berücksichtigt wurden, wie auch Unternehmungen außerhalb der Einrichtung stattfinden konnten.

> Wenn du mit anderen ein Schiff bauen willst,
> so beginne nicht, mit ihnen Holz zu sammeln,
> sondern wecke in ihnen die Sehnsucht
> nach dem großen, weiten Meer.
> Antoine de Saint-Exupéry

Zusammenfassend läßt sich sagen, daß der Kindergarten auf der Grundlage eines Verständnisses von „ganzheitlicher Pädagogik“ von dem Modell einer „Fördereinrichtung mit Inselcharakter“ Schritt für Schritt wegkommen muß, weil dort die Lebensbereiche von Kindern isoliert nebeneinander stehen.

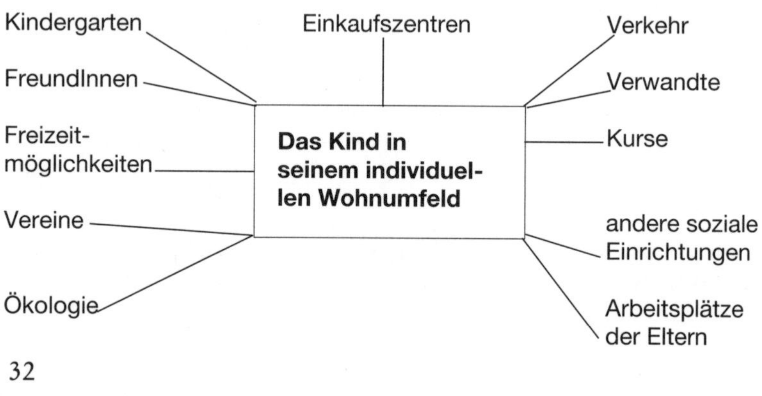

Das Bild verdeutlicht, daß isoliert nebeneinanderstehende Lebensbereiche – neben vielen anderen Lebensbereichen – zwar von Kindern mehr oder weniger aufmerksam wahrgenommen und mit subjektiven Bedeutungen versehen werden, doch müssen Kinder immer mehr auf die Suche gehen, *was* mit *wem* und *wie, warum und wieso miteinander in Beziehung steht,* weil Kinder auf der Suche sind, ihre Welt *individuell* als *Ganzes* zu verstehen.

Daher ist es für Kinder weitaus hilfreicher, wenn der Kindergarten und alle MitarbeiterInnen auf der Grundlage einer „ganzheitlichen Pädagogik" der „Fördereinrichtung mit Inselcharakter" bewußt und entschieden – Schritt für Schritt – den Rücken kehren (können) und ihre Arbeit nach dem folgenden Modell aufbauen.

Einrichtungen, die dies bereits tun, können ihre Praxis anhand des Bildes gerne überprüfen.

Der Kindergarten als Mittelpunkt ganzheitlicher Arbeit wird gerade durch dieses Tätigkeitsverständnis in seiner *wirklichen Bedeutung wachsen und in seinem Stellenwert an Achtung gewinnen,* zumal er es dann mit einer „ganzheitlichen Pädagogik" wahrmacht und immer selbstbewußter aus seinem eigenen fachlichen Schatten heraustritt.

4. Der eigenständige Erziehungs- und Bildungsauftrag des Kindergartens im „Situationsorientierten Ansatz“

Eine Umfrage in bundesdeutschen Kindergärten (Krenz, 1988–1989) bezüglich des *genauen Auftrags* der elementarpädagogischen Einrichtungen ergab folgendes: Zwar war den ErzieherInnen bekannt, *daß* der Kindergarten einen *bestimmten Auftrag* hat, allerdings war die Breite der Nennungen äußerst vielschichtig. So wurden u. a. folgende Ziele geäußert:

Der Kindergarten soll den Kindern helfen,

- den zukünftigen Anforderungen der Schule besser zu entsprechen;
- Kontakte zu anderen Kindern aufzubauen;
- Konflikte in angemessener Form austragen zu können;
- neue Erfahrungen zu machen;
- sich in einer Gruppe einordnen zu lernen;
- in Ablösung von den Eltern zurechtzukommen.

Was bei allen genannten Zielen auffällt, ist folgendes:

a) Es fand keine spezifizierte Nennung des *genauen Erziehungsauftrags* und des *Bildungsauftrags* statt.
b) Dem Kindergarten wurde die Rolle der Zuarbeitung zur Schule zugewiesen.
c) Der Kindergarten sollte nach Meinung vieler ErzieherInnen die Aufgabe haben, Kinder „soziabel“ zu machen.
d) Dem Kindergarten wurde die Aufgabe zugemutet, familien*ergänzend* tätig zu sein; d. h., daß er Aufgaben zu übernehmen hat, die die Familie nicht leistet.
e) Dem Kindergarten wurde der Auftrag zugesprochen, die Kinder in ihrer Selbständigkeit zu fördern.

Diese Interpretation der Hauptaussagen zum Erziehungs- und Bildungsauftrag des Kindergartens verdeutlichen wiederum ein interessantes Ergebnis: Einerseits wird von der *Zuarbeit im Hinblick auf eine folgende Bildungseinrichtung* (nämlich die der *Schule*) gesprochen, andererseits sind die darüber hinaus genannten Ziele *sehr genau* und durchaus nicht kindergartenspezifisch angegeben.

Vielleicht liegt es daran, daß bis heute der Kindergarten bei weitem nicht die Bedeutung einer *fachlichen elementarpädagogischen Einrichtung* und die Achtung einer *eigenständigen Institution hat,* die ihr zukommt, weil die Eigenständigkeit selbst zu wenig von innen und von außen hervorgehoben wurde/wird.

Ein Blick in Richtlinien, Empfehlungen, Kindergartengesetze und Entwürfe, Verordnungen und Hinweise läßt Ähnliches wie bei der Befragung erkennen: Es wird zwar *immer vom eigenständigen Erziehungs- und Bildungsauftrag* gesprochen und geschrieben, doch nirgends findet sich eine genaue Ausführung dieser so äußerst wichtigen Begriffe.

In Anbetracht heutiger Kindheiten und Lebensbiographien sowie unter Berücksichtigung ökologischer, soziologischer und kultureller Bedingungen meine ich, daß der Erziehungs- und Bildungsauftrag des Kindergartens wie folgt beschrieben werden muß:

> Der Erziehungsauftrag des Kindergartens besteht darin, Kindern aufgrund ihrer als zerrissen erlebten Welten, eingegrenzten Lebensräume und zerteilten Zeiten vielfältige Möglichkeiten zu bieten, gegenwärtig belastende und unverarbeitete, in der Vergangenheit liegende Erlebnisse und Erfahrungen zu verarbeiten, um gegenwärtiges Leben von sich und der Umwelt gefühlsmäßig zu begreifen und zu verstehen, Identität weiterzuentwickeln bzw. auszubauen, um zukünftige Lebenssituationen kompetent und in Verantwortung vor sich und anderen zu bewältigen.

Vielleicht werden Sie, verehrte Leserinnen und Leser, nun sagen, daß dieser Satz sehr schwierig ist und mindestens zwei- oder dreimal gelesen werden muß, um zu wissen, was damit gemeint ist. Gerne möchte ich Ihnen dabei helfen.

Also: Zunächst geht es um das „Bereitstellen/Bieten von Möglichkeiten ...“; damit ist gemeint, daß der Kindergarten nicht den Fehler machen sollte, zur täglichen Überfrachtung der Kinder – durch Fernsehen, Video, Audio-Kassetten usw. – noch neue Angebote zu machen, sondern daß er die einmalige Chance wahrnimmt, Zeit- und Raummöglichkeiten zur Verfügung zu stellen, die Kindern Platz für eigene Gestaltungsideen läßt.

Platz für „gegenwärtig belastende und unverarbeitete, in der Vergangenheit liegende Erlebnisse und Erfahrungen". Damit ist gemeint, daß immer mehr Kinder mit so vielen *Sinneseindrücken* belegt sind, die aufgrund ihrer Fülle noch nicht verarbeitet sind. Kämen bzw. kommen nun noch mehr Anforderungen auf ein Kind zu, sich mit bestimmten Anforderungen durch den Kindergarten noch *zusätzlich zu all den unverarbeiteten* Eindrücken auseinanderzusetzen, dann kommt es – wie häufig in der Praxis beobachtet – zu *Reizüberflutungsverhalten.* Kinder ziehen sich völlig aus dem Gruppengeschehen zurück, sie „kaspern herum", verweigern sich den neuen Anforderungen, reagieren mit lautem Schimpfen oder „flippen völlig aus". Aus entwicklungspsychologischer Sicht ist dies völlig normal, kindgerecht und erklärbar.

Zusammenfassend kann also bis hierher gesagt werden, daß der Kindergarten

- *keine Angebotspädagogik,*
- *sondern eine Aufarbeitungshilfe*

für Kinder bieten muß, wenn es sein Bestreben ist, eine kindorientierte Pädagogik zu realisieren.

Und weiter heißt es in der Definition des Erziehungsauftrags, daß nur durch die „Verarbeitung" es möglich ist, daß Kinder „ihr gegenwärtiges Leben und ihre Umwelt um sich herum gefühlsmäßig begreifen und verstehen können". Entwicklungspsychologisch ist es bedeutsam, daß Kinder – ebenso wie Erwachsene – nur dann sich neuen Situationen zuwenden können, wenn ihre Gefühlswelt ausgeglichen ist. Deshalb geht es zunächst bei Kindern um ein „gefühlsmäßiges Begreifen", indem sie *handeln, tätig sein können, aktiv wirken.* Gefühle lassen sich nicht mit Worten wieder ins Gleichgewicht bringen. Dazu ein Beispiel:

Es ist bekannt, daß Menschen, die Angst vor etwas haben, in ihrer Angstbereitschaft noch *unterstützt* werden, wenn andere Menschen versuchen, ihnen klarzumachen, daß sie keine Angst zu haben brauchen. Dadurch steigert sich die Angst und wird nicht geringer! Erst, wenn Kinder *ihre Gefühle begreifen und sie in Situationen* erleben können, wird ihr Streßerleben geringer mit der Folge, daß sie dann zu einem Verstehen – auf der kognitiven Ebene – kommen.

„Weiterentwicklung und Ausbau der Identität" meint den Vorgang, daß Kinder aus dem Begreifen von Situationen und dem

Verstehen von Vorgängen einen immer intensiveren Kontakt *zu sich selber herstellen,* so daß sie in ihrer eigenen Entwicklung, in ihrem eigenen „So-Sein“, Sicherheit finden und Zutrauen erleben. Und genau das ist für eine Identitätsentwicklung notwendig.

Und schließlich heißt es in der Definition, daß „*dadurch* Kinder die Fähigkeiten entwickeln, zukünftige Lebenssituationen kompetent und in Verantwortung vor sich und anderen bewältigen“. Das Leben und alle für ein verantwortungsvoll geführtes Leben notwendigen und hilfreichen Verhaltensweisen sind also die Folge aus der Gegenwartsbewältigung und *nicht die Aufgabe selbst.* Selbstverantwortung *und* Fremdverantwortung sind in gleicher Weise bedeutsam. Sie gilt es, *im Kindergarten zu erleben* und damit Erfahrungen zu machen, die den eigenen Handlungsspielraum ergänzen und erweitern.

Wenden wir uns nun dem Bildungsauftrag des Kindergartens zu:

> Der Bildungsauftrag des Kindergartens besteht in einer ganzheitlichen Unterstützung der Handlungs-, Bildungs-, Leistungs- und Lernfähigkeit von Kindern unter besonderer Berücksichtigung kultureller Werte und religiöser Erfahrungen. Dieser Bildungsauftrag ist nur einzulösen bei bewußter Ablehnung eines schulvorgezogenen Arbeitens und bei oberster Wertschätzung des Spiels.

In dieser Definition ist zunächst von einer „ganzheitlichen Unterstützung der bei Kindern vorhandenen Fähigkeiten“ die Rede. Ganzheitliches Lernen kann so verstanden werden, daß *alle* an einem Lernvorgang beteiligten Merkmale gleichsam auch aktiviert werden. Statt über ausländische Mitbürger zu reden, werden Situationen gesucht, *mit ihnen* (statt über sie) zu sprechen. Statt über das Müllproblem zu sprechen, wird *real* eine Mülldeponie, eine Müllverbrennungsanlage o. ä. aufgesucht, um *vor Ort* die *Erfahrung zu machen,* was ein Müllberg ist, wie unangenehm er riecht, wie viele Vögel ihre Nahrung dort suchen, wieviel „Verpackungsmüll“ dort herumliegt usw. Ganzheitliches Lernen geschieht daher als ein *Erfahrungslernen in realen Sinnzusammenhängen* (Kontexten), so daß der Entwicklungspsychologie Rechnung getragen wird, daß alles Lernen über das Handeln geschieht.

Mit dem Begriff „Handlungsfähigkeit“ ist die Kompetenz bei Kindern gemeint, daß sie Situationen, die sie sich vornehmen, auch umsetzen können/werden, und Situationen, die sie gerne verändern möchten, auch in Angriff nehmen. Handlungsfähigkeit meint also damit keinen „theoretischen Handlungsversuch“, sondern eine *„praktische Handlungsaktivität“.*

Unter dem Begriff „Bildungsfähigkeit“ kann die Kompetenz von Kindern verstanden werden, die Fähigkeiten des Denkens und Überlegens, Verstehens und Begreifens. Bildung ist damit kein Begriff „abgehobener Förderung“, sondern etwas ganz Alltägliches, was sich vor den eigenen Augen abspielt und überdacht werden kann.

„Leistungsfähigkeit“ ist das Aktivitätsvermögen, das Kinder in sich tragen und das häufig durch besondere Lebenssituationen, Erziehungsstile oder Anforderungen nicht in dem Maße gezeigt werden kann, wie es in seiner Stärke real existiert. Unterschätzte, nicht gewollte oder nicht zugelassene Aktivitätspotentiale bei Kindern suchen sich dann, wenn sie nicht nach außen gelassen werden (können), ihren Ausdruck innerhalb des Körpers vieler Kinder. Zahlen der psychosomatischen Erkrankungen und Belastungen sind in diesem Zusammenhang zu sehen.

Die Unterstützung der „Lernfähigkeit“ meint schließlich, daß Kinder in ihrer *Neugierde* und *Motivation* die Hilfe von Erwachsenen brauchen, um sie erleben zu können.

> Der Kindergarten ist damit nicht ein Ort, an dem Kinder Wissen aufnehmen und an erster Stelle kognitiv gefördert werden, sondern die Grundlagen für ein kognitives Lernen erweitern. Der spätere Erfolg des schulischen Lernens hängt also davon ab, wie intensiv Kinder Neugierde und Motivation zur Verfügung haben, Spaß am Lernen zu entfalten.

Alles Lernen im Kindergarten vollzieht sich dabei „unter Berücksichtigung kultureller Werte und religiöser Erfahrungen“. Damit ist gemeint, daß es keine isolierten, aus der Alltagswelt herausgelösten und in den Kindergarten hereingeholten Erfahrungswelten sind, sondern daß alles Lernen unter dem Aspekt von Handwerk, Technik, Natur, Kunst und Theater betrachtet werden kann.

Handwerk statt „basteln“: Nicht schnell dahingebastelte „Einmalmusikschüttelbecher", sondern das Werken von Musikinstrumenten, die eine längere/lange Zeit halten und von beständigerem Wert sind als Plastikbecher, die mit Erbsen oder Steinchen gefüllt und mit Plastikfolie abgedeckt werden.

Berücksichtigung von Technik statt Ausgrenzung der Technik: Nicht „Verteufelung" oder „Ausgrenzung" des Fernsehens, sondern dort, wo das Fernsehen bei Kindern eine große Rolle spielt, dafür sorgen, daß Szenen gesehener Sendungen z. B. nachgespielt werden, Fernseher, die defekt sind, auseinandergebaut und untersucht werden dürfen. Nicht Fernsehbilder beschreiben, sondern mit Video arbeiten und vielleicht sogar Videoaufnahmen machen. Nicht nur Bilderbücher betrachten, sondern auch Druckereien aufsuchen und schauen, wie Bilderbücher technisch hergestellt werden.

Natur statt Naturimitation: Nicht das Wachstum von Kresse in Plastikbechern, die mit Watte gefüllt sind, initiieren und beobachten, sondern den Wachstumsvorgang – z. B. in einem kleinen, neu angelegten Gewächshaus oder im Garten – in natürlicher Erde beobachten. Nicht isoliert den Müll trennen (Plastik, Papier, Glas und Blech), sondern Orte in der näheren Umgebung, wo Bäume und Sträucher wachsen, aufsuchen und das „Wegwerfproblem Müll" in möglichem Rahmen dort verändern helfen. Nicht über das Gießen der Grünpflanzen im Kindergarten alleine die Notwendigkeit des Wässerns von Pflanzen besprechen, sondern sich auch um den Baum vor dem Kindergarten kümmern, der im Hochsommer bei Ausbleiben von Regengüssen leidet.

Kunst statt Schablonen: Nicht den Bereich der Kunst als eine „Stilrichtung für Erwachsene" einordnen, sondern mit Kindern im Kindergarten *Kunst erleben* und mit ihnen gemeinsam Künstlerwerkstätten aufsuchen. Vor allem gilt es aber auch, den Kindern ihre vielfältigen Möglichkeiten des Kunsterlebens zu ermöglichen und nicht durch Schablonenarbeit die Phantasie der Kinder zu ersticken. Wie heißt es doch so treffend in einer alten Ausgabe des Brockhaus-Lexikons: „Unter Schablonenarbeit ist eine sinnentleerte, stupide und intelligenzmindernde Tätigkeit zu verstehen, bei der vorgegebene Formen auf vorbereitete Materialien einfach übertragen und damit ohne eigene Ideen kopiert werden."

Theater statt Laienspiel: Nicht das Theater nur als eine Darstellungsstätte ansehen, in der das Weihnachtsmärchen aufgeführt wird, sondern Theater als eine lebendige Wirkungsstätte begreifen, in der auch „hinter die Kulissen" geschaut werden kann und wo u. U. *mit* Theaterleuten gemeinsam *Theater gemacht, Stücke gemeinsam entworfen und dargestellt werden.*

Religiöse Erfahrungen sind aus dem Grunde dem Bildungsauftrag bewußt zugeordnet, weil sie die Bereiche „Einstellungen und Werthaltungen" beinhalten. Dabei ist allerdings weniger an eine „religiöse Unterweisung" im Sinne eines funktionsorientierten Ansatzes gedacht als vielmehr an ein lebendiges Erfahren von Religion und Glauben im alltäglichen Umgang miteinander.

Zusammenfassend läßt sich also sagen: Der Bildungsauftrag besteht nicht nur darin, die vielfältigen Handlungsmöglichkeiten der Kinder unter kulturellen und religiösen Aspekten zu unterstützen, sondern auch den gesamten Bereich der Bildung als einen in Zusammenhängen bestehenden Lernbereich zu begreifen.

Nicht das Lernen steht im Vordergrund, sondern das Erfahren von Sinnzusammenhängen, bei dem ein Lernen geschieht.
Im Fachvokabular heißt der Begriff, um den es geht, „concomitant learning". Zu verstehen ist dabei ein „Lernen ganz nebenbei", ein „Lernen als Folge des aktiven Tuns".

Es bietet sich an, am Schluß dieses Kapitels noch einmal den *Erziehungsauftrag* und den *Bildungsauftrag* des Kindergartens selber für sich / in der MitarbeiterInnengruppe zu reflektieren, um eine grundsätzliche Zustimmung oder Ablehnung vorzunehmen. Denn bei aller weiteren Auseinandersetzung mit dem „Situationsorientierten Ansatz in der sozialpädagogischen Praxis" ist es ähnlich wie beim Bau eines neuen Hauses: Damit das Gebäude auf einem festen Fundament stehen kann, muß der Boden in seiner Zusammensetzung und Stabilität Festigkeit besitzen.

Auf den „Situationsorientierten Ansatz in der sozialpädagogischen Praxis" angewendet, heißt dies:

- Wenn der Kindergarten einen *eigenständigen* Erziehungs- und Bildungsauftrag hat, so wie es schon der Deutsche Bildungsrat 1970 formuliert hat, dann muß sich die Eigenständigkeit auch in den Grundsätzen zeigen.
- Und wenn die Eigenständigkeit durch jedes Team/jede MitarbeiterInnengruppe nicht präzise in *eigene Worte* gefaßt wird, dann besteht die Gefahr des Eigenständigkeitsverlustes.

5. Unterschiedliche Arbeitsansätze in Kindergärten

In Kindergärten wird ebenso vielschichtig wie unterschiedlich gearbeitet, so daß es schwer ist, in einem Kapitel eines Buches alle Arbeitsansätze ausreichend zu berücksichtigen. Dennoch soll hier der Versuch gemacht werden, wesentliche „Schulen der Elementarpädagogik“ kurz aufzuführen und im Ansatz zu beschreiben.

Beispiel A: Katja ist Erzieherin, 24 J. alt. Sie ist seit einem knappen Jahr als Gruppenleiterin einer Kindergruppe mit 22 Kindern tätig. In ihrer Gruppe hat sie schon seit längerem beobachtet, daß vor allem acht Kinder recht große Schwierigkeiten im feinmotorischen Bereich haben: Nicole, Jessica, Sandra, Björn, Martin, Mario, Marc und Corinna. Katja macht sich um die Kinder und ihre Entwicklung viele Gedanken. Sie weiß, daß bei allen nur noch ca. sechs Monate Zeit bis zur bevorstehenden Einschulung zur Verfügung stehen, zudem erinnert sie sich, daß die Eltern von Jessica, Sandra, Mario und Corinna bei einem Elternabend nachgefragt haben, wie sie denn gedenke, diese Störungen mit den Kindern zu bearbeiten. Gleichzeitig hat sie auch noch die Worte der GrundschullehrerInnen im Ohr, die ihr beim letzten Treffen deutlich zu verstehen gaben, daß sie erwarten würden, gut „schulvorbereitete Kinder“ in ihre Klassen zu übernehmen. So macht Katja sich auf die Suche nach Arbeitsmitteln und Stützhilfen, das „Problem der feinmotorischen Störungen“ in den Griff zu bekommen. Schließlich wird sie fündig. Bei der Durchsicht einiger Arbeitsblätter, die etwas verstaubt im Materialschrank liegen, findet sie „Blätter zum Nachzeichnen von Schwunglinien“, und so nimmt sie diese Arbeitshilfen an sich und teilt sie nach dem Grad der Schwierigkeit, nach möglichen Zeitverläufen und nach möglichen Interessengebieten der Kinder auf (Anmerkung: Diese Blätter haben dargestellte Szenen und einzelne Gegenstände als Motive zur Grundlage). Zusätzlich leitet sie – als Rechtfertigung für sich selber, als Erklärung für ihre KollegInnen und zur Vorstellung für die Eltern – einzelne Lernziele für ihre Übung an: Erweiterung der Aufmerksamkeit, Erhöhung der Konzentrationsfähigkeit, Förderung der Wahrnehmungsfähigkeit und Ausbau der Belastungsgrenze der Kinder. Katja ist stolz auf ihre Vorbereitung, hat sie doch Lernziele formuliert, wie sie es auch in der Schule gelernt hat. Der nächste Tag ist da, und so bittet sie die acht Kinder nach dem abgeschlossenen Frühstück zu sich. Die vier Jungen und vier Mädchen kommen bereitwillig zu ihr, und so setzen sie sich alle an einen Tisch. Die Erzieherin Katja gibt die Blätter und Stifte aus, erklärt den Kindern die Aufgabe und malt zunächst einmal auf einem „Modellblatt“ eine Aufgabenerfüllung vor. Alle Kinder schauen gespannt auf ihre vorgezeichnete Lösung. Die Anmerkung von Björn, er habe ja ein ganz anderes Blatt, greift Katja auf und erklärt noch einmal, daß alle Kinder unterschiedliche Blätter hätten und sie nur vormalen wollte, daß es darum geht, möglichst genau auf der Linie die Figur nachzumalen. Björn läßt nicht locker, und auch Jessica versteht das nicht: Beide Kinder wollen lieber das Arbeitsblatt mit dem Pferd haben und nicht das Blatt mit dem „komischen Haus". Katja läßt sich nun nicht groß auf eine Diskussion ein, sondern fordert die Kinder auf, zu beginnen. Alle schauen ganz angestrengt auf ihre Blätter, greifen nach ihren Stiften und beginnen mit der Arbeit. Die kurze, aber laute Frage von Nicole an Martin, ob er ihr „mal kurz davorne helfen" könne, greift Katja auf mit der Bitte, jedes Kind möge doch bitte seine Aufgabe alleine zu lösen versuchen. Anfänglich scheint alles gutzugehen, doch dann preßt Mario so fest mit seinem Stift auf das Papier, daß es reißt. Traurig schaut er auf „sein Ergebnis". Marc ruft: „Guck mal, Katja, der Mario hat sein Blatt ganz kaputt gemacht!" Alle Kinder schauen auf Mario. Der ist ganz unglücklich und sagt schließlich: „Ich finde das Bild sowieso doof!" Bei einem Rundblick fällt auf, daß alle Kinder insgesamt nicht so recht bei der Arbeit dabei sind, und als noch Malte an den Tisch kommt und fragt, ob das denn noch lange dauere, schließlich wolle er mit Martin spielen, unterstreicht Katja mit ernstem Gesicht die Notwendigkeit der Situation: „Also, ihr kommt bald in die Schule, und da müßt ihr auch malen. Ich hole jetzt für Mario ein neues Blatt, und dann werden wir mal schauen, wer am besten auf der Linie gemalt hat und nicht davon abgekommen ist." Und während sie aufsteht, um ein neues Blatt zu holen, läßt Marc sein Blatt vom Tisch fallen und tritt drauf. Katja kommt zurück, hebt das Blatt von Marc auf, legt ihm das Blatt wieder vor und setzt sich zu Mario. „Ich helfe dir jetzt. Nimm mal den Stift in die rechte Hand und jetzt führe ich deinen Stift mal mit." Nach ein paar Minuten ist es geschafft. Katja bittet alle Kinder, ihre Blätter nebeneinander zu legen, und die Kinder vergleichen nun die Ergebnisse. Björn war dieses Mal der „Beste". Ganz stolz fragt er dann, ob er das Blatt mit nach Hause nehmen darf, um es seiner Mutter zu zeigen. Gerne willigt Katja bei der Frage ein. Die anderen Blätter werden in die entsprechenden Mappen der Kinder eingelegt, vorher werden noch Name und Datum vermerkt, und dann „dürfen" die Kinder zu ihren KameradInnen spielen gehen.

Soweit das Beispiel A. Es zeigt deutlich – als ein ganz kleiner Ausschnitt eines vormittäglichen Verlaufes in der Gruppe – ein Arbeitsverständnis der Erzieherin Katja, das durch folgende *Merkmale* charakterisiert werden kann:

a) Die Erzieherin hat ein Verständnis von Elementarpädagogik als ein *Übungsfeld von trainierbaren Verhaltensweisen.* Das bedeutet, daß es für sie primär um die Aufgabe geht, nicht gut entwikkelte oder durch Defizite charakterisierte Fähigkeiten, Funktionen oder Fertigkeiten zu fördern. Hat sich Katja bei unserem Beispiel auf den „feinmotorischen Bereich" festgelegt, so kann es bei anderen Beispielen der „sprachliche, kognitive, grobmotorische oder soziale Bereich" sein. Bei allem steht eine *„isolierte Funktionsförderung"* im Vordergrund, bei der die Verbindung der einzelnen Entwicklungsbereiche unbeachtet und daher unberücksichtigt bleibt. Das entspricht der verbreiteten Überzeugung, daß der Kindergarten sich zunächst einmal ganz auf die Vermittlung basaler Kulturtechniken konzentrieren solle, und hier hat eben die Förderung der Feinmotorik ihren besonderen Stellenwert, ist sie es doch, die in ihrer Entwicklung die beste Voraussetzung für das Schreiben und Sprechen ist.

b) Die Entscheidung von Katja, sich der Förderung der Feinmotorik bei den acht Kindern in besonderem Maße zu widmen, macht die *vorschulische Förderung* und *Ausrichtung* besonders deutlich, ganz im Sinne der in den siebziger Jahren vielbeachteten Lerntheoretiker bzw. Entwicklungspsychologen CORELL und LÜCKERT. So schreiben beide in ihren Empfehlungen zur Gestaltung der Kindergartenarbeit, daß sie sich auf die „Vermittlung der basalen Kulturtechniken wie Lesen, Schreiben und Rechnen konzentrieren soll" und den Kindern helfen muß, auch die Voraussetzungen dafür – gerade im feinmotorischen Bereich – zu erlangen. Natürlich wird dabei der „eigenständige Erziehungs- und Bildungsauftrag des Kindergartens" negiert und dahingehend verändert, daß er eine (indirekt) beauftragte Einrichtung mit Zuarbeitungsfunktion für die Schule wird.

c) Ganz im Sinne der genannten Lerntheoretiker und Entwicklungspsychologen übernimmt Katja die Meinung, daß gerade die Kinder im Alter von drei bis fünf Jahren eine erhöhte und zu nutzende „Aufnahme- und Speicherkapazität" besitzen. Dadurch ist es möglich, Kinder in diesem Alter viel gezielter *„zu unterrichten"*, als es in der herkömmlichen Kindergartenpädagogik, die sich einer abwartenden, zeitlassenden, gewährenden, schützenden und pflegenden Aufgabe verpflichtet fühlt, der Fall ist. LÜCKERT bringt es für sich und alle anderen leistungswilligen Erwachsenen auf den Punkt, indem er schreibt, daß dadurch „die gezielte Förderung der Kinder versäumt wird".

d) Katja hat, nachdem sie sich für die Arbeitsblätter entschieden hat, diese nach dem „Grad der Schwierigkeit“, „möglichen Zeitverläufen“ und nach „möglichen Interessensgebieten“ geordnet. D. h., *die Person der Erzieherin* ist die *handelnde, überblickende, das Arbeitsvorhaben strukturierende Person,* und die Kinder sind die ausführenden, reagierenden, sich nach der Anweisung in bestimmter Weise zu verhalten habende Menschen. Ob dadurch das Ziel des Kindergartens erreicht werden kann, daß Kinder in ihrer Selbständigkeit zu unterstützen sind, ist mehr als fraglich.

e) Bei dem Beispiel fällt auf, daß die *„Motivierung der Kinder für das Arbeitsvorhaben“ durch die Erzieherin* geschieht und nicht durch die Kinder selbst, die Atmosphäre oder andere motivationsstützende Auslöser. Katja zeichnet den Kindern ihr Blatt vor und erreicht es durch ihre offensichtlich gute Beziehung zu den Kindern, daß sie es ihr mehr oder weniger gerne nachmachen. Allerdings bleibt auch hier grundsätzlich die Frage offen, inwieweit es für die Entwicklung der Kinder hilfreich ist, wenn Arbeitsvorhaben durch die *bewußte Nutzung von Beziehungsqualitäten* realisiert werden. Um gleich einem Vorurteil zu begegnen: Es geht dabei *nicht* um die Frage, ob es problematisch ist, wenn aufgrund positiver Beziehungen Kinder *für ihre* Erzieherin etwas freiwillig machen möchten! Bei unserem Beispiel geht es um die Nutzung von Beziehungen für Leistungsansprüche und Leistungserwartungen Erwachsener im Kindergarten.

f) Durch die Formulierung von *einzelnen Lernzielen* (hier in dem Beispiel sind die Lernziele „Erweiterung der Aufmerksamkeit“, „Erhöhung der Konzentrationsfähigkeit“, „Förderung der Wahrnehmungsfähigkeit“ und „Ausbau der Belastungsgrenze“) fügt sie ihre Arbeit in eine *Didaktik der Förderung* ein, die in hohem Maße dazu verleitet, Maßnahmen zur *Förderung von Funktionen* zu gestalten, die zusätzlich auf bestimmte *Einzeldefizite* der Kinder ausgerichtet sind. Damit steht das Menschenbild von Kindern fest: Kinder sind in ihrer Persönlichkeit *„defizitäre, unfertige und unreife“* Wesen, die schon möglichst früh dem Ideal eines *„fertigen erwachsenen Menschen“* entsprechen sollen. Und damit dies gelingt, wird an ihren Defiziten gearbeitet.

g) Katja faßt bei unserem Beispiel die acht Kinder zu einer Gruppe zusammen, die ein „gemeinsames Defizit“ haben. Da es sich um Kinder des ungefähr gleichen Alters handelt, kann aus der altershomogenen Zusammenfassung geschlossen werden, daß das gleichsam ein bewußt hergestelltes *Lernmilieu* zur Kompensation von Schwierigkeiten von Kindern ist, die eben in ihrer Entwicklung im Vergleich zu einer bestehenden oder hier formulierten Norm abweichen. Dabei wird gänzlich außer acht gelassen, daß die Behebung von Teilleistungsschwierigkeiten gerade in Spielsituationen geschieht, die *nicht* auf eine bewußte Förderung bestimmter Teilleistungsschwächen ausgerichtet sind (concomitant learning).

h) So, wie Katja sich bei der Anmerkung von Björn und Jessica verhält, als beide Kinder gerne ein „Pferdebild“ und nicht das Arbeitsblatt „mit dem komischen Haus“ haben wollten, zeigt, daß sie die *Rolle einer Erzieherin* innehat und diese den Kindern auch zeigt (in dem Beispiel: Katja läßt sich nun nicht groß auf eine Diskussion ein, sondern fordert die Kinder auf, jetzt zu beginnen). Kinder haben demgegenüber aber das Bedürfnis, ihre KommunikationspartnerInnen als Menschen zu erleben, die ihre Bedürfnisse erspüren und ihre Wünsche mit Achtung aufgreifen. Aus kommunikationstheoretischer Sicht betrachtet, kommt der Betrachter zum Schluß, daß die geschilderte Kommunikation auf *zwei unterschiedlichen Ebenen* stattfindet: Die Ebene des Menschseins trifft auf die Ebene einer Rolleninhaberin. Dadurch sind Mißverständnisse und Probleme schon im voraus vorprogrammiert.

i) In unserem Beispiel zeigen die Kinder, die den anderen bei ihrer Aufgabenerfüllung helfen möchten, ein durchaus solidarisches Verhalten. Doch Katja bittet die Kinder darum, daß jedes Kind seine Aufgabe alleine zu lösen versucht. Natürlich ist es aus ihrer Sicht völlig folgerichtig, weil sie sich ja vorgenommen hat, daß *jedes Kind seine Schwierigkeiten individuell – ausgerichtet auf ein festgelegtes Ziel – kompensiert.* Damit ist die Gefahr verbunden, daß Ziele, die genau beschrieben und vom Erwachsenen erreicht werden wollen, die Wahrnehmung für andere Ereignisse nicht zulassen.

j) Angebote im Kindergarten, die mit mehreren Kindern gleichzeitig durchgeführt werden und bei denen ein *bestimmtes Endergebnis* erreicht werden soll, tragen mit großer Wahrscheinlichkeit dazu bei, daß Kinder sich in ihrer Leistung und ihrem Können *vergleichen* und weniger gute Leistungen oder Mißgeschicke anderer *abwerten.* So wie es in unserem Beispiel Marc tut. Seine Äußerung, daß die Erzieherin mal zu Mario gucken soll, beinhaltet ja zumindest die zwei Botschaften: 1. Ich, Marc, habe mein Blatt nicht zerrissen, und das ist wohl gut, und 2. der Mario hat sein Blatt zerrissen, und das ist wohl schlecht.

Produktorientierte (also auf ein bestimmtes Ergebnis ausgerichtete) *Angebote* sind jederzeit überprüfbar und machen auch für Kinder Qualitätsunterschiede deutlich, die aber weniger dazu motivieren, individuelle Unterschiede zu akzeptieren, sondern individuelle Unterschiede zu bewerten. Daß Mario die Situation offensichtlich peinlich ist, bleibt unberücksichtigt, und daß seine Anspannung in seiner Motorik dadurch eher zunimmt, ist mehr als wahrscheinlich.

k) „Alle Kinder sind nicht so recht bei der Arbeit" heißt doch nichts anderes, als daß die Atmosphäre wenig fröhlich, motivierend, spaßauslösend ist. Genau dies ist oft der Preis solcher *isolierenden Übungen,* und wenn Katja in einem Gespräch mit ihren KollegInnen im nachhinein berichtet, daß die Kinder nur ungerne ihre Aufgaben erfüllt haben und die Kinder schlecht zu motivieren waren, dann ist es falsch, dies den Kindern anzuhängen, sondern eher der künstlich hergestellten Übungssituation.

l) Nachdem Katja merkt, daß Mario immer weniger Lust hat, sein Arbeitsblatt zu bemalen, greift sie erneut in die Situation ein, um das *gesetzte Ziel zu erreichen.* Sie holt ein neues Blatt, sie hebt für Marc das Arbeitsblatt auf, sie setzt sich zu Mario, und sie gibt nun explizite Anweisungen, was er genau zu machen hat. Katja ist offensichtlich (immer noch) nicht bereit, das Desinteresse und die fehlende Motivation der Kinder zum neuen Ausgangspunkt ihrer Betrachtung zu machen, um z. B. die ganze Situation aufzulockern, zu verlegen oder ganz aufzuheben. Sie möchte ihr für die Kinder gesetztes Lernziel soweit erreichen, daß auch *„kurzfristige Lernerfolge"* sichtbar sind. So ist sie auch selber froh, als das Ganze mit ihrer Hilfe abgeschlossen werden kann und Björn „als Bester" fragt, ob er denn das Blatt mit nach Hause nehmen und seiner Mutter zeigen kann. Katja kann sich auch in der Gewißheit sicher sein, daß Björns Mutter – und vielleicht auch die Eltern der anderen sieben Kinder, mit denen sie gearbeitet hat – diese Arbeitsaktivität mit Zustimmung und Freude *anerkennen* wird. (Bei dem Beispiel war es tatsächlich so, daß Björns Mutter in einem Gespräch der Erzieherin und der Leiterin gegenüber äußerte, daß sie froh sei, daß Björn gerade diesen Kindergarten besuche, weil hier auch *gelernt* werde und nicht wie in dem Nachbarkindergarten „nur das Spiel" im Vordergrund steht.)

Soweit ein Versuch einer Analyse des vorgestellten Beispiels. Insgesamt muß aber, um die Wiedergabe der Arbeitssituation der acht Kinder und der Erzieherin Katja nicht isoliert und aus Sinnzusammenhängen herausgerissen betrachten zu können, das Beispiel vollständigkeitshalber in einen Gesamtzusammenhang gebracht werden. Daher ist folgendes zu ergänzen:

- Bei einem Gespräch mit Katja wurde deutlich, daß das Kindergartenjahr nach dem *Jahresrhythmus* gestaltet wird. D.h., daß einerseits die *Jahreszeiten* (Frühling, Sommer, Herbst und Winter) den grundsätzlichen Ablauf bestimmen, andererseits die *Festtage* immer beachtet und diese mit den Kindern vorbereitet und erlebt werden. Dazu wird ein „Programm" erstellt, in dem „Lieder, Bastelaktivitäten, Kreisspiele, Theaterstücke als Aufführungen und Werktechniken" genau auf die Jahreszeit ausgerichtet und auf die Feste abgestimmt sind.
- Weiterhin berichtet Katja, daß es für jede Gruppenerzieherin verpflichtend sei, einen *Monatsplan* im voraus zu erstellen und diesen auch öffentlich zu machen, was in der Regel dadurch geschieht, daß die Monatspläne an den Türen der Gruppenräume hängen. Ihnen ist dann genau zu entnehmen,

  – welche Lieder,
  – welche Bastelaktivitäten,
  – welche Arbeitsschwerpunkte,
  – welche besondere Spielform,
  – welche Arbeitstechniken und
  – welche Verse/Reime

  ihre Anwendung finden. Dazu kommt, daß auf einem Extrablatt die langfristigen, mittelfristigen und kurzfristigen Lernziele, die erreicht werden sollen, angegeben sind, so daß gerade die Eltern immer einen Überblick haben, was ihre Kinder in den Gruppen lernen. (Anmerkung: Es war schon eigenartig, auf den ausgehängten Monatsplänen immer den Satzanfang aller Aktivitäten zu lesen, der mit den Worten begann: *Wir wollen ...* Ob *die Kinder* das *„wir" mitbestimmt* haben, ist die Frage ...)

- Vieles, was in der Gruppe gemacht wurde, war entweder für die *ganze Gruppe* bestimmt, *oder* es wurden *Teilgruppen nach Alter* gebildet. Die eher grundsätzliche Arbeit in der Gesamtkindergruppe wurde damit begründet, daß durch gemeinsame Gruppenaktivitäten „der soziale Umgang“ gefördert wurde, und die Begründung der Bildung von Teilgruppen lag darin, daß „Kinder mit ähnlichen oder gleichen Schwierigkeiten und Defiziten“ zusammengefaßt besser gefördert werden konnten.
- Daß in diesem Kindergarten eine gemeinsame Frühstückszeit angesetzt war (also kein freies Frühstück) und bei den kleineren Kindern noch ein gemeinsamer Gang zur Toilette als obligatorisch angesehen wurde, sei am Rande bemerkt.

> Mit welchem Recht fordern wir vom Kind, so zu sein oder zu werden, wie wir sind? Als ob wir Erwachsenen besser oder liebenswerter wären?
> Welche Arroganz und Verlogenheit steckt doch hinter vielen Ansinnen, die wir Kindern zumuten. Friedhelm Beiner

Dieses Beispiel von Katja und ihrer Arbeit mit einer Teilgruppe der Kinder, die in ihrer Kindergartengruppe sind, stellt unter der Beachtung von Gesamtzusammenhängen ihres Arbeitsverständnisses, ihrer Arbeitsgestaltung und der realen Arbeitsabläufe den sogenannten „FUNKTIONSORIENTIERTEN ANSATZ“ dar.

Zusammenfassend und im Überblick noch einmal in Stichworten erfaßt, läßt er sich also durch folgende Merkmale kennzeichnen:

Erzieherin (Person/Rolle)

- gibt Situationen und Arbeitsvorhaben vor;
- ist die agierende Person;
- entscheidet für Kinder;
- läßt sinnverbindende soziale Zusammenhänge und Erfahrungen von Situationen außer acht;
- versteht sich als Lernmotor für Kinder;
- begegnet Kindern in ihrer Rollenfunktion;
- gibt kurzfristigen Lernerfolgen den Vorrang vor sich entwickelnden Prozessen;
- versteht sich eher als Anwältin der Eltern, ihrer Anforderungen und Erwartungen;

- richtet Angebote als eine Orientierung auf Produkte aus;
- läßt notgedrungen bei der Verfolgung von spezifischen Lernzielen andere bedeutsame Beobachtungen im Hinblick auf spontane Änderungen kaum/gar nicht zu;
- will „Einzeldefizite" der Kinder in der Zusammenfassung altershomogener (Teil-)Gruppen aufarbeiten;

Arbeitsweise und Arbeitsverständnis der Erzieherin

- entscheidet über die Nutzung der Arbeitsmaterialien, die Nutzung von Zeit und Raum;
- ist produktorientiert;
- sieht den Kindergarten als ein Übungs- und Förderfeld von trainierbaren Verhaltensweisen bei Kindern an;
- gibt der Arbeit mit der Gesamtgruppe und Teilgruppen den Vorzug;
- läßt sich durch den Jahresrhythmus entscheidend leiten;
- möchte bei Kindern vor allem den motorischen, sprachlichen und kognitiven sowie gesamtsozialen Bereich fördern;
- bietet ein eher fremdbestimmtes Lernen an;
- gibt eher ein Überangebot an Materialien und Inhalten;
- sucht die Anerkennung von Eltern und z. B. der Institution Schule;
- trägt zu einer „verschulten", wenig spaßmachenden Atmosphäre bei;
- gibt dem Tagesablauf den Charakter einer in Teilen zerteilten Zeitstruktur;
- gestaltet Situationen im Sinne isolierter Funktionsförderung;
- nutzt Beziehungsqualitäten zur Unterstützung von leistungsorientierten Vorhaben;
- läßt Kindern wenig Platz für eigene, langfristige Individualvorhaben;
- blendet Alltagswirklichkeiten weitestgehend aus (vom Besuch der Feuerwehr oder der Marktstände und weniger anderer Gewerbe einmal abgesehen);
- vernachlässigt real-emotionale Aspekte zugunsten rationalistisch-technokratischer Vorhaben;

Persönlichkeitsmodell von Kindern

- versteht Kinder als Menschen, die nur zu reagieren haben
- traut Kindern wenig Selbstaktivitäten zu;
- sieht Kinder als „Menschen mit noch nicht fertigen Entwicklungsbereichen" an;
- bewertet häufig „ungewöhnliche" Verhaltensweisen von Kindern;
- denkt für Kinder, anstatt mit ihnen;

- drückt ihre „Defizit-Theorie der Persönlichkeit" auch in Elterngesprächen aus;
- gibt eigenen Normvorstellungen eine große Bedeutung im Hinblick auf die Gestaltung der Gesamtarbeit aus dem Verständnis heraus, die Persönlichkeit der Kinder in ihrem Sinn entscheidend mitzuprägen;
- hat wenig Vertrauen in die Selbstheilungskräfte einzelner und der Gruppe;
- will immer zu jeder Zeit den Überblick haben.

Der *funktionsorientierte Ansatz* kann daher grundsätzlich als eine *Angebotspädagogik* für eine von Erwachsenen *geleitete* und *geführte Kindergruppe* bezeichnet werden. Wenn in diesem Zusammenhang (unter Beachtung des Tagesablaufs) ein Vergleich zu einer „Kleinkinder-Bewahrstube", wie es sie um die Jahrhundertwende gab, hergestellt werden darf, so ergeben sich natürlich gewisse Unterschiede, Grundsätzlichkeiten weisen aber Ähnlichkeiten und Dekkungsgleichheiten auf:

A) Stundenplan der Kleinkinder-Bewahrstube (1891)

Stunden	Ablauf
8 –8½	Annahme der Kinder
8½–8¾	Lied, Revision, Gebet
8¾–9	Religiöse Unterhaltung
9 –9¼	Stumme Körperbewegung, Bildchen
9¼–9½	Gebete oder Verschen lernen
9½–10¼	Essen und Spielzeit im Freien
10¼–10½	Erzählen aus der biblischen Geschichte
10½–10¾	Gesang mit Körperbewegung
10¾–11	Schlußgebet, Ankleiden, Revision
11	Hinausführen
1 –1¼	Annahme der Kinder
1¼–1½	Lied, Revision, Gebet
1½–2¼	Malen oder Flechten, Flechten oder Stricken, Strikken oder Malen. Die Kleineren schlafen
2¼–2½	Gesang mit Körperbewegung bzw. Zählen und Benennen der Dinge
2½–2¾	Anleitung zur Höflichkeit oder Verschen lernen
2¾–3½	Essen und Spielzeit im Freien
3½–3¾	Bildertafel, Sprechübung/Kreisspiele im Freien
3¾–4	Lied, Schlußgebet, Ankleiden, Revision
4	Hinausführen

B) fester Tagesablauf in einem funktionsorientierten Kindergarten (1991)

Zeiten	Schwerpunkt
7.30 Uhr	Bringen der Kinder
7.30– 8,30 Uhr	Möglichkeit des freien Spiels
8.30– 9.30 Uhr	angeleitete Tätigkeit/Gruppenangebotsaktivität
9.30–10.15 Uhr	gemeinsames Frühstück
10.15–10.30 Uhr	Toilettengang und Zähneputzen
10.30–11.30 Uhr	angeleitete Tätigkeit/Gruppenaktivitätsangebot
11.30–12.15 Uhr	Möglichkeit des freien Spiels
12.15–12.30 Uhr	Aufräumen des Gruppenraumes
12.30 Uhr	Abholen der Kinder von den Eltern („Halbtagskinder")
12.45 Uhr	Mittagessen der „Ganztagskinder"
13.15–14.30 Uhr	a) die Kleinen: Mittagsruhe
	b) die Großen: freie Gestaltungsmöglichkeiten
14.30–15.30 Uhr	angeleitete Tätigkeit
15.30–16.00 Uhr	Gemeinsames Aufräumen des Gruppenraumes
16.00–16.30 Uhr	Abholen der Kinder von den Eltern.

Es wäre nicht angebracht, sich einerseits über den „Stundenplan der Kleinkinder-Bewahrschule" lustig zu machen oder diese gar – sicherlich in Berechtigung zu ihrer Zeit unter Beachtung gesellschaftlicher und ökonomischer Bedingungen – bewertend zu disqualifizieren, andererseits sein eigenes Arbeitsverständnis und die eigene Arbeitsgestaltung außer acht zu lassen.

Untersuchungen und Beobachtungen in deutschen Kindergärten (Krenz, 1987–1989) haben deutlich zum Vorschein gebracht, daß viele Kindergärten ihren *eigenen*, häufig nicht bewußt gestalteten *Tagesablauf* haben und sich mit der Zeit Strukturen herausbildeten, die bei/in der Planung zum Tragen kommen.

Es wäre einmal interessant, den eigenen Tagesablauf im Kindergarten zu überprüfen und gemeinsam mit allen MitarbeiterInnen zu analysieren, inwieweit festgelegte Zeitstrukturen Bestand haben und bei den Planungen grundsätzlich wirksam sind, so daß *Zeiten von Kindern zerrissen werden* – sicherlich ungewollt und ohne bewußte Absicht.

> Da ist noch etwas, vielleicht das Wichtigste und Schmerzlichste, was gesagt werden muß: Der unüberwindbare Unterschied zwischen uns Erwachsenen und unseren Kindern ist der: Kinder haben mehr *Zeit*. M. Hilgers. In: Krenz, Darmstadt 1990

Beispiel B: Monika, eine 34jährige Erzieherin, arbeitet seit 8 Jahren in einem Kindergarten in der Kleinstadt B. Sie ist als Gruppenleiterin tätig in einer altersgemischten Gruppe mit 14 Mädchen und 7 Jungen. Obgleich die Gruppe als altersgemischt gilt, fällt auf, daß 16 der 21 Kinder fünf bis sechs Jahre alt sind.

Ein Besuch in der Einrichtung ergab sich aufgrund der Einladung für einen Elternabend, auf dem das Thema „Technik, Umwelt und Elternverhalten als Einflußgrößen der Intelligenzerweiterung von frühbegabten Kindern" erörtert werden sollte. In Anbetracht des für den Referenten eher ungewöhnlichen Themas wurde eine Vorbesprechung mit der Möglichkeit eines Gruppenbesuches verabredet. Folgende Situation konnte dann im Laufe der Anwesenheit in der Gruppe beobachtet werden: Die Kinder saßen alle im Halbkreis um die Erzieherin herum, die vor sich ein größeres Mikroskop hatte. Zunächst erklärte sie den Begriff „Mikroskop", erzählte von dem Erfinder dieses „Sichtvergrößerungsgerätes", zeigte sowohl Aufnahmen von älteren Mikroskopen und legte von einigen Beispielen kopierte Folien auf einen bereitgestellten Overhead-Projektor, um Einzelheiten zu verdeutlichen. Die anwesenden Kinder waren recht gespannt, aufmerksam und neugierig, zumal sie alle den ausführlichen Beschreibungen der Erzieherin lauschten. Nach einiger Zeit – die Vorerklärungen dauerten fast 30 Minuten – bat die Erzieherin dann die Kinder, der Reihe nach zu ihr zu kommen und einen Blick ins Mikroskop zu werfen. Sie sollten raten, was sie dort sehen konnten. Wie sich herausstellte, war ein „Haar" zwischen die Glasplättchen gelegt, und immer, wenn die Kinder „falsche Antworten" (wie z. B. „ein Stück eines Astes" oder „ein Schnürsenkel" usw.) gaben, erklärte sie, warum es gerade *das nicht* sein konnte. Als alle Kinder dem Geheimnis nicht auf die Spur kamen, gab sie die „richtige Antwort" und malte anschließend ein „Haar" in vielfacher Vergrößerung an die Tafel. Sie erläuterte danach, wie viele Haare Menschen im Durchschnitt auf dem Kopf tragen, wieviel sie am Tag wachsen würden – eine entsprechend lange Schnur wurde nun ausgelegt und vermessen –, wie viele Haare der Mensch pro Tag verlieren würde, und was Haare bei Temperaturveränderungen alles auszuhalten hätten. Schließlich bat sie ein Kind, an die heute mitgebrachte Kiste zu gehen und einmal nachzuschauen, was sie enthalte. Es stellte sich heraus, daß sie von einer Schule eine Reihe weiterer Mikroskope mitgebracht hatte, und so bat sie die Kinder, sich jeweils zu zweit eines zu holen und verschiedene Dinge, die sie gemeinsam festlegten, unter dem Mikroskop zu betrachten und genau zu beschreiben. Auch die Kinder begaben sich dann daran, das Gesehene zu zeichnen.

Soweit das Beispiel selbst. Wie sich in einem Gespräch im Nachhinein ergab, wurde deutlich, daß dabei jeder Tag *einen ganz bestimmten, durchgängigen* Themenbereich zum Gegenstand hatte. In dieser Woche stand der Oberbegriff „Das Mikroskop – kleine Dinge werden groß“ auf dem Plan.

Dieser kleine Ausschnitt aus dem Vormittag und die gesammelten Erfahrungen aus dem Gespräch mit der Erzieherin Monika legten ein Arbeitsverständnis offen, daß *zwar anders als der funktionsorientierte Ansatz* war, aber auch durch bestimmte *Merkmale charakterisiert* werden kann:

a) Schon das Thema des gewünschten Elternabends, seine Formulierung und der Wunsch der Erzieherin zum Ablauf des Elternabends – Einstieg durch ein längeres Referat, danach Fragemöglichkeit der interessierten Eltern und Antworten durch den Fachreferenten –, verdeutlichte den Vorzug der Gesprächsform. Diese kann am besten durch den Begriff *„Einwegkommunikation“* beschrieben werden. Zur Verdeutlichung der Ausführungen wurde der Referent auch gebeten, ein knappes, aber aussagentreffsicheres „Thesenpapier“ zu erstellen und zur Weitergabe an die Eltern mitzubringen.

b) Die in der Gruppe vorgefundene Sitzsituation, die im übrigen *jeden Vormittag* so gestaltet war, erinnerte eher an eine *Vorlesung* an der Universität als an einen Kindergarten. Die oben beschriebene Einwegkommunikation wurde also auch in der Gruppe praktiziert, so daß es einem Dozieren der Erzieherin gleichkam. Es ging der Erzieherin dabei um die *Vermittlung kognitiven Wissens*, und der *Sachlichkeit des Themas* und *seiner Bearbeitung wurde absolute Priorität* gewährt.

c) Da demnach die sachliche Auseinandersetzung und *Informationsvermittlung* an erster Stelle stand, wurde der Emotionalität – also der Welt der Gefühle – eine untergeordnete Rolle zugedacht. Darauf angesprochen erklärte die Erzieherin auch, daß der Mensch sich eben durch sein Denken auszeichne und damit „der Anthropologie auch im Elementarbereich die Beachtung zukomme, die ihr zusteht. Schließlich malen Kinder im Entwicklungsstadium zu Anfang auch für lange Zeit den Kopffüßler, was darauf hindeute, daß dem Denken die meiste Beachtung geschenkt werden müsse.“

d) Die im Anschluß an die Gesamtgruppenarbeit anschließende Aufgabenstellung war so gestaltet, daß die Kinder in *Einzelarbeit das Erfahrene vertiefen* sollten, um neue Eindrücke zu gewinnen und zu verstehen. Daß damit einer Vereinzelung der Kinder grundsätzlich Vorschub geleistet werden kann, will ich in diesem Zusammenhang erwähnen.

e) Ähnlich wie beim „funktionsorientierten Ansatz" sind Aufgabenstellung, Arbeitshinweise und Arbeitshilfen *ganz auf die Erstellung eines Produktes* ausgerichtet nach den Kriterien:
richtig bzw. falsch,
angebracht bzw. unangebracht
gut bzw. schlecht.

f) Bei der Kommunikationsform des Informierens und Fragestellens fällt ein großer Unterschied zwischen der *„wissenden Person* und den *nicht wissenden Kindern"* auf, der gerade durch die Kommunikationsform zu einer festen *Kommunikationsstruktur* wird. Es war auch so, daß die Kinder immer wieder mit Fragen zur Erzieherin kamen, die mit einer ausgesprochen großen (inneren) Ruhe bereitwillig Antworten gab. Eine „richtige Unterhaltung" konnte dagegen nicht beobachtet werden.

g) Die Gestaltung des Vormittags und die Einzelabläufe der Arbeitseinheiten können durchaus auf Kinder die Wirkung im Sinne eines *Leistungsdrucks* haben, nämlich möglichst schnell der Lösung am nächsten zu kommen und das Ergebnis, das es zu finden gilt, zu benennen.

h) In weiterer Ableitung der Aussage von Monika, daß das *Denken den Menschen ausmache,* kann darauf geschlossen werden, daß die Erzieherin ein Menschenbild vertritt, daß vor allem bzw. einzig und alleine die *Wissensanreicherung zur reifen Personwerdung verhilft.* Wissen steht damit über allem, und es gilt, in genutzter Zeit möglichst viel davon aufzunehmen.

i) Monika baute ihre Arbeitsvorhaben so auf, daß sie 1. das zu vermittelnde Wissen systematisch *geordnet* hat als Modell für die Kinder, 2. daß es grundsätzlich hilfreich ist, Vorhaben zu planen und damit die gesamte gegenständliche Welt zu erschließen.

j) Die Gespräche der Kinder und ihre Fragen an die Erzieherin war – wie schon erwähnt – durch Sachlichkeit geprägt. Was aber darüber hinaus auffiel, war der Punkt, daß die Kinder selbst untereinander *rational-logische Argumentierer* waren und wenig Freude, Spaß, kindliche Ausgelassenheit zum Vorschein kam.

k) Der Vormittagsaufenthalt der Kinder war dadurch gekennzeichnet, daß sie *entweder im Kindergarten* ein Experiment oder thematisch eng eingegrenzte Vorhaben realisierten oder *draußen in der Natur* ihre Kurzprojekte durchführten. Was fehlte, war der ständige *Bezug zu Lebenszusammenhängen,* zu Situationen, die aus Kindersicht bedeutsam waren.

Alles, was und wie mit Kindern gemeinsam erarbeitet wurde, entsprach der Aussage von Flitner, daß nämlich „Wissenschaft erst dort produktiv werden kann, wo das Bedürfnis nach wissenschaftlichen Verfahren hinreichend stark ist, d.h., wo das Kind mit Beobachten, Fragen, Deuten bis zu dem Punkt gekommen ist, wo nur die wissenschaftliche Behandlung weiterführt" (1974).

Dieses Beispiel von Monika, ihrer Arbeit, ihrem Arbeitsverständnis und ihrer Vormittagsgestaltung weist deutlich auf den sogenannten „WISSENSCHAFTSTHEORETISCHEN ANSATZ" hin.

Zusammenfassend und im Überblick sollen noch einmal die wichtigsten Merkmale wiedergegeben werden:

Erzieherin (Person/Rolle)

- informiert die Kinder und stellt Wissensfragen;
- provoziert und verfestigt eine auf beiden Seiten stabile Einwegkommunikation;
- zeigt sich überwiegend/ausnahmslos den Kindern in ihrer Rolle;
- verhält sich wie eine allwissende Person;
- ist für Fragen der Kinder immer aufnahmebereit;
- erzeugt durch ihre Einwegkommunikation ein relativ hohes Maß an Leistungsdruck;
- überträgt Erwartungen und Anforderungen im sprachlichen und nichtsprachlichen Verhalten;
- bewertet „Rationalität" in höchstem Maße;

Arbeitsweise und **Arbeitsverständnis der Erzieherin**

- strukturiert die Situationen in der Gruppe und das Verhalten der Kinder sehr stark vor;
- läßt emotionale Äußerungen der Kinder häufig/immer außer acht;

- gibt der Einzel- bzw. Kleinstgruppenarbeit der Kinder eine hohe Bedeutung;
- gestaltet die Arbeit mit Kindern stets produktorientiert;
- dem Freiraum von Kindern und ihren Wünschen nach Eigengestaltung von Situationen wird keine Zeit und kein Raum gegeben;
- alle Arbeitsabläufe und der Arbeitsaufbau sind geordnet, systematisiert, organisiert und strukturiert;
- das Vorgehen erlaubt ein Arbeiten mit Kindern auch in großen Gruppen;
- Aufgabenauswahl und -verteilung richten sich nach den entsprechenden Wissenschaftsdisziplinen;
- die Lebensbiographien der Kinder können wenig/gar nicht berücksichtigt werden;

Persönlichkeitsmodell von Kindern

- das grundsätzliche Nichtwissen der Kinder über Hintergründe von Gegebenheiten ist durch Wissen und Denken zu ersetzen;
- Gefühle sind hinderlich im Reifungsprozeß der Menschwerdung;
- Kinder können aus dem Reagieren ihren Erfahrungsschatz erweitern;
- Kinder sind dazu angehalten, die Rolle von SchülerInnen anzunehmen.

Am Schluß sei noch angemerkt, daß der „wissenschaftstheoretische Ansatz" zwar selten, aber immerhin vorkommt. Die Tendenz einer Weiterverbreitung ist vielleicht mit der Zunahme der Diskussion um die Förderung *hochbegabter Kinder* gegeben.

Beispiel C: In einer Kindertagesstätte in B. S. arbeiten Michael und Gundula nun schon seit elf Jahren. Beide sind in einer Gruppe zusammen, wobei es den Unterschied zwischen „Gruppenleitung" und „Zweitkraft" nicht gibt. Aufgrund von gemeinsam besuchten Fortbildungsveranstaltungen entstand bei den MitarbeiterInnen der Einrichtung der Wunsch, die eigene, schon vor Jahren geschriebene Konzeption zu überarbeiten und mit Hilfe eines Referenten neu zu gestalten. Da es gerade bei der Konzeptionserstellung bzw. Konzeptionsüberarbeitung unumgänglich ist, daß der Referent die Situation der realen Arbeit zumindest in Ansätzen erkennt, wurden Gruppenbesuche verabredet und diese Termine gemeinsam mit den Kindern festgelegt. Zur abgesprochenen telefonischen Terminbestätigung wunderte es daher den Referenten auch nicht, daß eine Kinderstimme am Telefon war und den Termin durchgab. Wie sich später herausstellte, wählte Michael die Nummer und gab dann Johannes den Hörer in die Hand, der den Rest souverän meisterte.

Schon beim Eintritt in die Eingangshalle fiel die Freundlichkeit, Lebendigkeit und Ungezwungenheit der Einrichtung auf. Da waren keine „Katalogmöbel fein säuberlich“ aufgestellt, sondern zwei Sitzgruppen, auf denen einige Eltern saßen, Kaffee miteinander tranken und sich unterhielten. An der dem Eingang gegenüberliegenden Seite war in der Nähe der Wand ein großer Walfisch (aus feinem Maschendraht, überklebt mit Zeitungspapier und tiefblau angemalt), in dem vier Kinder auf einer Decke lagen und gemeinsam ein Bilderbuch betrachteten. Damit sie in dem Walfisch sehen konnten, war eine kleine Lichtquelle dorthin verlegt (mit Klingeldraht und einer 6 Volt Birne). Andere Kinder wiederum spielten in einer Ecke mit Duplo-Steinen und hatten sich offensichtlich vorgenommen, einen sehr, sehr hohen Turm zu bauen. Neben dem „großen, maulgeöffneten Walfisch“ war eine Wand ganz mit unterschiedlichen Materialien versehen, vom selbstgewebten Wollteppich über zusammengebundene Reisighölzer, von kleinen Fellstückchen bis über senkrecht untereinander gespannte Gitarrensaiten, von selbstgebrannten Tonstäben bis zu Glaskugeln, Stoffgirlanden, Seilen, Schaumstoffiguren, Schaumgummiblöcken in unterschiedlichen Größen und weiteren gegenständlichen Materialien. Das konnte nur eine Tastwand sein.

Die Gruppentüren standen teilweise auf, teils waren sie geschlossen, und teilweise waren sie angelehnt. Während des faszinierten Betrachtens und dem spontanen Wunsch des Besuchers, mal selber in dem Walfisch zu verschwinden oder die Tastwand mit verbundenen Augen zu „be-fühlen“, um zu erraten, was das Erfühlte alles sein könnte, kam schon ein ca. 4jähriges Mädchen auf den Besucher zu und fragte ihn, was er denn möchte. Nach einer kurzen Erklärung meinte sie, sie wisse jetzt schon, wer der Besucher sei, nahm ihn bei der Hand und führte ihn in eine Gruppe mit der Bezeichnung „Eichhörnchen“ und rief laut in die Gruppe: „Hier ist unser Besuch, der mal gucken wollte, was wir spielen.“ Einige Kinder schauten auf, andere schienen es nicht gehört zu haben oder hören zu wollen, und einige Kinder und Michael begrüßten den Besucher. Tasche und Mantel wurden abgelegt, ein Kind bot sofort seine Hilfe an, den Mantel zur Garderobe zu bringen und tat es dann auch gerne. Zum ersten Blickwerfen in die Runde bestand kaum Zeit, denn schon fragten einige der hinzugekommenen Kinder, woher der Besucher denn käme, ob er ein Auto oder den Bus benutzt hätte („ein Bus ist nämlich umweltfreundlicher, muß du wissen“), ob er Lust habe, in der Tobeecke mitzumachen („da kannst du richtig ins Schwitzen kommen“) oder ob er im Garten helfen könne, Bretter zu einer Leiter „zusammenzukloppen“, damit „man besser auf den Kirschbaum raufkäme“. Und dennoch blieb ein wenig Zeit zum Rundblick: Der Raum war groß und freundlich und in viele Ecken unterteilt. Was dabei am meisten auffiel, war eine zweite Ebene in Form eines Hauses. Auf ihr befanden sich kleine Zimmer mit kleinen Fenstern und, nach der Lebendigkeit zu urteilen, hätten eine ganze Reihe von

Kindern dort drinsein müssen. Der Raum war also nicht in „offene Funktionsecken“ unterteilt, sondern war durch Regale, Decken und eine Kartonwand tatsächlich so abgeteilt, daß von einer „wirklichen Raumteilung“ gesprochen werden konnte. Alle Kinder – soweit das bei einem ersten Überblick gesagt werden konnte – waren vor allem in kleineren Gruppen (zu zweit und dritt) damit beschäftigt, einer Aktivität nachzugehen. Hier malten zwei Kinder auf einem Plakat verschiedene Obstsorten, dort wurden mit Hilfe von Gundula einfache Holzstiegen zusammengezimmert. Woanders wiederum bemalten Kinder eine Papierbahn mit bunten Schlangenlinien, und ihnen gegenüber saßen Kinder, die mit ihren Puppen Kunststücke vornahmen. Michael lächelte dem Beobachter freundlich zu und fragte ihn, ob er denn eine Idee habe, was die Kinder denn wohl vorhatten. Und Heinke, eine 4-Jährige, sprang dabei ganz aufgeregt auf und ab und rief: „Ja, rate mal, ja rate mal, was wir hier Tolles machen!“ Und während sie dazu ein wenig tanzte, kamen andere Kinder hinzu, faßten sich bei den Händen und bewegten sich im Rhythmus zu ihrer gesungenen Frage. Sie öffneten ihren Kreis, baten Michael zu sich, der dann dazukam, den Kreis betrat und lustige Tanzbewegungen ausführte. Die Kinder begannen noch lauter zu lachen, und der Beobachter überlegte, was es denn sein könnte. In der Zwischenzeit kamen immer mehr Kinder dazu, auch aus dem Flur, und schließlich wurde das Ganze zu einer großen tanzenden Schlange, die in den Garten hopste, tanzte, hüpfte und vorwärtssprang. Auch der Beobachter ging mit nach draußen und wurde dann von den Kindern umringt. Nun begannen die Kinder, Hinweise zu geben: „Es ist schön.“ / „Es ist bald.“ / „Es wird bestimmt lustig.“ / „Und ganz viele Menschen kommen.“ / „Und Obstkuchen gibt es auch.“ / „Und die Tische werden ganz schön mit Tischdecken bedeckt.“ Die Antwort, daß es eine Zirkusvorstellung wird, wurde mit lautem Lachen und einem vielstimmigen „Nein“ quittiert. Tja, schließlich gab der Beobachter und Gast zu verstehen, daß es eigentlich nur ein „Fest“ sein könne, und die Kinder applaudierten nun mit vollen Kräften. Es stellte sich heraus, daß in den letzten Wochen die Nachbarn, die in unmittelbarer Nähe der Kindertagsstätte wohnten, ein paarmal über die Lautstärke der Kinder klagten, worauf sich diese entschlossen, ein *Nachbarschaftsfest* zu veranstalten. Vorbereitend wurden einige Nachbarn besucht, ihnen erklärt, daß Kinder gerne laut sind und sich bewegen. Mit Hilfe und Unterstützung von Michael und Gundula malten sie Plakate, hängten diese in der Umgebung auf und verteilten sie in den Geschäften; auch Handzettel zum Verteilen wurden hergestellt (mit selbstgeschöpftem Papier) und das Ganze unter das Thema *„Mit Nachbarn lachen, essen und spielen“* gestellt. Und weil gerade Obsternte war und die Kinder im Kindergarten mit den Früchten der Kindergartenobstbäume allerhand Speisen herstellten, sollte das Ganze eine riesige Obstfete werden. Die Vorbereitung lief auf vollen Touren, und einige Kinder aus der „Eichhörnchengruppe“ hatten besonders viel Freude daran, mit der Erzieherin aus der „Ponygruppe“ Verkleidungen aus Stoffresten und Pappmaché zu werken: Verkleidungen, die riesige Obstsorten darstellten, in die dann einige der Kinder hineinkriechen konnten und alles zu einem Spiel verwenden wollten. Jetzt wurde dem Besucher auch die Vielzahl der unterschiedlichen Aktivitäten der Kinder klar, genauso wie die zu Anfang gestellte Frage, ob er nicht bei dem „Zusammenkloppen“ einer Leiter behilflich sein könnte.

Soweit der Ausschnitt eines Besuches in der Kindertagesstätte. Vieles gäbe es noch zu berichten, auf Einzelheiten aufmerksam zu machen oder die Aktivitäten der vergangenen Tage wiederzugeben, um die „Lernzusammenhänge“ deutlich aufzuzeigen. Dennoch scheint der Ausschnitt zunächst einmal auszureichen, um *charakteristische Merkmale zu verdeutlichen:*

a) Michael und Gundula legten in ihrer Vorstellung Wert darauf, daß es in ihrer Gruppe – ebenso wie im gesamten Kindergarten – nicht die *Unterscheidung zwischen „Gruppenleitung“ und „Zweitkraft“* gibt, sondern daß alle MitarbeiterInnen versuchen würden, Statusunterschiede in einer möglichen Rollenzuweisung zu vermeiden. Zwar sei es so, daß es noch MitarbeiterInnen gäbe, die „informelle Gruppenleiterverhaltensweisen“ ab und zu zeigen würden, doch würde das auch Gegenstand von Teambesprechungen sein.

b) Die *Offenheit* der MitarbeiterInnen, Ungereimtheiten beim Namen zu nennen (siehe formelle und informelle Gruppenleitung) machte schon gleich zu Anfang deutlich, daß sich die Erwachsenen grundsätzlich auch als *Lernende* verstehen und nicht aufgrund ihres Status versuchen, die Rolle der Veränderung „nur“ an die Kinder weiterzudeligieren.

c) Der Wunsch der MitarbeiterInnen, ihre *Konzeption,* die im übrigen schriftlich vorlag, zu *überarbeiten,* legte den Umstand offen, daß sie auch die *Grundlagen und Eckwerte ihrer Arbeit als einen Prozeß verstanden.* Sie erhofften, durch eine vorzunehmende Bestandsaufnahme der Arbeit und durch einen Vergleich mit den Daten der Kinder, die die Kindertagesstätte besuchten, herauszufinden, inwieweit sie ihrem Arbeitsauftrag real gerecht wurden bzw. werden konnten.

d) Schon der Anruf zur Terminabsprache, bei dem ein *Kind der Gesprächspartner des Besuchers* war, machte deutlich, daß tatsächlich *nicht für Kinder* gedacht und gearbeitet wird, sondern alle Aktivitäten – soweit möglich – *mit Kindern* unternommen und gestaltet wurden.

e) Freundlichkeit, Lebendigkeit und Ungezwungenheit als vorhandene Grundelemente in der Kindertagesstätte zeugen von einer *Atmosphäre*, die *kindorientiert* und grundsätzlich *angenehm* zu erleben war. Erstaunlich war der Eindruck von Freiheit. Das vielleicht zu *erwartende Chaos* blieb aus.

f) Die im Flur sitzenden und in Gespräche vertieften Eltern sahen die Kindertagesstätte offenbar als einen *Begegnungsraum* an, der *nicht nur für Kinder, sondern auch für sie* gedacht ist. Die Kindertagesstätte schottet sich damit nicht gegen Eltern ab – wie es z. B. im Extremfall in einem Kindergarten war, wo während des Vormittags die Haustüre grundsätzlich abgeschlossen wurde –, sondern *öffnet* sich bewußt für *Eltern*, *Freunde* und *Nachbarn*.

g) Ja, es ging bei diesem Beispiel sogar noch etwas weiter. So hatte die offizielle Leiterin der Kindertagesstätte einen sehr großen „LeiterInnenraum", und nachdem sie bemerkte, daß Eltern gerne mal auf einen „Klönschnack" für eine mehr oder weniger kurze Zeit bleiben wollten, entschloß sie sich, ihren Raum mit einer anderen Arbeitsmöglichkeit zu tauschen. Gemeinsam mit Eltern und Kindern räumten sie den „LeiterInnenraum" aus und richteten dort einen *„Treffpunkt"* ein – mit gut erhaltenen, gebrauchten Sitzmöbeln, einer Kaffeemaschine und einem Regal, auf dem Elternliteratur zur Kenntnisnahme und zum Ausleihen ausgelegt war.

h) Der „große Walfisch" (Länge: 3,50 m, Höhe: ca. 1 m, Breite: ca. 1,20 m) war das Ergebnis eines *Projekts* zum Thema „Tiere in Not", als Kinder in ihren Gruppen davon berichteten, daß sie im Fernsehen das Stranden vieler Wale mitbekommen hatten.

i) Bei *allen Aktivitäten* fallen die Kinder durch ihre Springlebendigkeit und Aktivität auf. *Sie sind es, die agieren* und eine Fülle an *Projektthemen* anbieten. Ja, die Rollen scheinen im Verhältnis zu vielen anderen Kindertageseinrichtungen umgekehrt zu sein: Hier ist das Kind der aktive Teil, und die Erwachsenen *begleiten Kinder* in/bei ihren Vorhaben, Planungen und Wünschen.

j) Sowohl im Flur als auch in dem Gruppenraum ergab sich für die Kinder die Möglichkeit, *unterschiedliche Aktivitäten zu wählen* und je nach Interessen und/oder Absprachen auch den unterschiedlichen Aktivitäten nachzugehen.

k) Die an einer Wand der Eingangshalle große Tastwand war – wie sich in dem anschließenden Gespräch mit den MitarbeiterInnen ergab – das Ergebnis eines *halbjährigen Projekts* zum Thema „Materialien und Stoffe unserer Welt“, wobei sie Wert darauf legten, daß auch heute noch und an jedem anderen Tag die Tastwand ergänzt und verändert werden kann; dies allerdings in Absprache mit der Gruppe (und eben nicht allein durch die ErzieherInnen!).

l) Die offenstehenden bzw. angelehnten Gruppentüren zeugten von der Arbeitsgrundlage, daß *nicht jede Gruppe für sich isoliert* ihren eigenen Schwerpunkten nachging, sondern daß sich das *Prinzip Offenheit* auch für Kinder in der Möglichkeit widerspiegelte, am Vormittag/Nachmittag Freund oder Freundin in der anderen Gruppe zu besuchen. *Gruppenübergreifende Aktivitäten* kamen dadurch zustande, daß sich die MitarbeiterInnen regelmäßig in den Teamsitzungen über ihre Projekte informierten und sich gegenseitig zu unterstützen versuchten.

m) Die Gruppe der Kinder, die im Garten damit beschäftigt waren, eine „Leiter zusammenzukloppen“, hantierten mit *richtigem Werkzeug* und nicht mit „Pseudowerkzeug aus Plastik“. Natürlich waren es keine großen Vorschlaghämmer oder Stahlnägel in Riesengröße –, es waren Nägel, zwei Hämmer und zwei Fuchsschwanzsägen, wie sie im normalen Hausgebrauch üblich sind. Dabei stand den Kindern eine Praktikantin zur Seite, die sich bemühte, die Kinder in ihrem Vorhaben zu unterstützen und Hilfestellungen dahingehend zu geben, wie es besonders hilfreich ist, das Werkzeug zu handhaben, die Nägel zu halten, Abstände der Stufen zu finden und festzuhalten usf.

n) Der Gruppenraum selbst war dadurch besonders kinderfreundlich, daß er *hell, freiflächig, mit abgetrennten Ecken* und insbesondere mit einer zweiten Ebene versehen war. Er besaß also keine „typischen Funktionsecken“, sondern „Rückzugsräume“, in denen Kinder ihren Schwerpunkttätigkeiten nachgehen konnten. Die zweite Ebene (also: das Haus im Raum) war im übrigen von Eltern erstellt worden und belastete damit nicht das Haushaltskonto des Kindergartens in dem Maße, wie es nötig gewesen wäre, wenn man bezahlte Handwerker bestellt hätte oder das Ganze über eine Spielmittel-/Einrichtungsfirma bezogen worden wäre.

o) Michael und Gundula verstehen sich in ihrer Rolle weder als *Animateure* noch als *Macher, Anbieter* oder *Interessenformer.* Vielmehr ist ihre Rolle dort zu suchen, wo sie *aus Beobachtungen Ideen in Zusammenhängen entwickeln und gemeinsam mit Kindern* in wirklicher Offenheit überlegen, was von besonderem Interesse für möglichst alle (ErzieherInnen *und Kinder*) sein könnte.

p) Dadurch, daß Michael mit eigenem Interesse und in Beachtung der Wünsche der Kinder mit in den Tanzkreis hineinkam und dort „verrückte Sachen" machte, erleben die Kinder ihren Erzieher *als Person* und nicht als einen Rollenträger, der Erwartungen und Absichten auf Kinder überträgt.

q) Eine genauere Analyse der Tätigkeiten der Kinder würde ergeben, daß sowohl *instrumentelle, soziale, kognitive* und *funktionelle Tätigkeiten* „gefördert" werden, allerdings nicht durch *angebotene Trainings,* sondern durch *ganzheitliche Tätigkeiten.*

r) Die Priorität des „selbständigen, selbstbestimmten Lernens" geschieht offensichtlich dadurch, daß Kinder und ihre Aktivitäten nicht an dem gemessen werden, was sie *nicht* können, sondern an dem, was Kinder sich ständig durch Neugierde und Motivation selber entwickeln. Sie haben ein Interesse daran, selbstgewählte Vorhaben in ihrem Sinne zu beginnen und zu Ende zu führen.

s) Völlig neu und anders als beim „funktionsorientierten Ansatz" bzw. beim „wissenschaftstheoretischen Ansatz" ist die *Einbindung und Einflechtung der (un)mittelbaren Umwelt* von besonderer Bedeutung (Beispiel: Nachbarschaftsfest). Da wird nicht über Nachbarn geschimpft, sondern mit ihnen geredet und gefeiert. Da wird nicht Trübsal geblasen, weil Beschwerden eingegangen sind; nein, da werden reale Situationen aufgegriffen und zu verändern versucht. *Möglichkeiten des Erlebens von Veränderungen bestimmter Situationen* innerhalb und außerhalb der Kindertagesstätte ergeben sich überall dort, wo Kinder auf Grenzen stoßen und gemeinsam mit ihren BündnispartnerInnen (Erzieherin, Erzieher) Pläne entwerfen, belastende oder störende Erfahrungen zu verändern. Gerade dadurch entwickelt sich Selbständigkeit, und dies nicht nur darin, anderen Kindern beim Schuhezubinden oder beim Jackenanziehen zu helfen.

t) Sowohl bei den Einzelaktivitäten als auch bei der Erörterung veränderbarer Situationen *innerhalb und außerhalb des Kindergar-*

tens stehen Kinder mit ihrer *Individualität im Vordergrund.* So können Kinder *differenzierte, alternative Erfahrungen* machen, ohne in der Menge der Gruppe unterzugehen.

u) Michael und Gundula schenken den Äußerungen der Kinder an jedem Tag – im Rahmen ihrer Möglichkeiten und sicherlich auch ihrer aktuellen Konstitution – die *aktuelle Aufmerksamkeit,* ganz im Sinne des großen polnischen Arztes und Pädagogen Janucz Korczak, daß es ein „Recht des Kindes auf den *heutigen Tag*“ gibt. Dabei wird der Entwicklung der Kinder im Hinblick auf die *Gegenwart* eine besondere Beachtung geschenkt, und die Gegenwart wird somit nicht einer entfernten Zukunft geopfert.

v) Ausgehend von dem Bau der im Gruppenraum vorhandenen „zweiten Ebene“ darf nicht unerwähnt bleiben, daß die *Zusammenarbeit mit allen am Kindergarten beteiligten Personen in Form einer wirklichen Kooperation* geschieht. Auch hier sind ErzieherInnen nicht die „BesserwisserInnen“, sondern Partner der Kinder, Partner und Mittler für die Eltern, Mittler und AnsprechpartnerInnen für die Öffentlichkeit.

w) Jedes Projekt ist in sich offen, neue Ideen und Impulse der Kinder aufzugreifen bzw. „zu verkraften“, so daß häufig ein Baustein den nächsten Baustein hervorruft und bedingt, so wie es das Beispiel gezeigt hat, als die Kinder in ihrer freigewählten Solidargemeinschaft singend und tanzend nach draußen in den Garten gingen. *Offene Planung heißt daher nichts anderes, als daß (zwar) ein fester roter Faden das gemeinsam geplante Projekt begleitet, dieses aber in sich so offen gehalten ist, daß jederzeit Platz für neu entstehende Ideen ist.*

x) Wie in dem Beispiel gezeigt, gibt es *keine Zerteilung des Tages in sinnunverbundene Stücke.* Kinder haben dadurch die Möglichkeit, *Zeit* als etwas sehr Kostbares zu erleben, in der sie begonnene Aktivitäten zu Ende führen, erweitern, freiwillig unterbrechen und selbständig wieder aufnehmen können.

Ganz im Sinne von Hemmer & Obereisenbuchner bezieht sich dieser Ansatz „stärker auf die *aktuelle Lebenssituation von Kindern* und nimmt die *darin enthaltenen Fragen, Probleme und Anknüpfungspunkte auf,* im Gegensatz zu Konzepten, die ihre Inhalte und Verfahren stärker am Vorgehen und der Begrifflichkeit wissenschaftlicher Disziplinen orientieren oder Lernen mehr als propädeutisches Funktionstraining verstehen für Anforderungen, die Kindern gar nicht gegenwärtig oder einsichtig sind" (1979, S. 61). Dieses Beispiel von Michael und Gundula und ihrer Arbeit, ihrem Arbeitsverständnis und ihrer Tätigkeitsgestaltung *mit Kindern weist deutlich auf den sogenannten* „SITUATIONSORIENTIERTEN ANSATZ IN DER SOZIALPÄDAGOGISCHEN PRAXIS" hin.

Zusammenfassend und im Überblick werden noch einmal die wichtigsten Merkmale wiedergegeben:

ErzieherIn (Person/Rolle)

- versteht sich ständig als eine lernende Person;
- lehnt eine „aufgesetzte Professionalität" im Umgang mit Kindern, mit sich, den Eltern, den MitarbeiterInnen und anderen bewußt ab;
- lebt und spricht *mit* allen, statt „für" oder „über" andere;
- zeichnet sich selber durch Neugierde, Motivation und Risikofreudigkeit aus;
- öffnet sich dem Neuen und Unbekannten;
- hat ein „gemeinwesenorientiertes Verständnis" von Situationen und Problemen;
- versteht sich als BegleiterIn der Entwicklung von Eltern und Kindern;
- entwickelt mit anderen Ideen;
- gibt sich als „Person" in die Arbeit ein;
- versucht auch das eigene Leben „ganzheitlich" zu führen;
- klärt eigene Kompetenzen und Inkompetenzen mit sich und MitarbeiterInnen ab, um situationsorientierte Lösungen zu suchen und zu finden;

Persönlichkeitsmodell von Kindern

- stellt sich auf bei Kindern vorhandene Fähigkeiten, ihren Entwicklungsstand und ihre individuelle Situation – soweit wie möglich – ein;
- gibt der grundsätzlichen Fähigkeit der Kinder zum selbst-/mitbestimmenden Handeln einen hohen Stellenwert;
- versteht Persönlichkeitsentwicklung als einen ganzheitlichen Vorgang;
- weiß, daß jeder Mensch vor allem durch seine besonderen Lebenssituationen geprägt wird, und bewertet daher weniger das Verhalten, sondern versucht vielmehr zu deuten und zu verstehen;
- ist durch einen „pädagogischen Optimismus" geprägt;

Arbeitsweise und Arbeitsverständnis der ErzieherIn

- wendet sich den gegenwärtigen Lebenssituationen und Erlebnissen der Kinder – und wenn möglich auch der Eltern – zu;
- möchte die Selbständigkeit der Kinder unterstützen und ihr Selbstwertgefühl durch Selbstaktivitäten fördern;
- lehnt künstliche, idealtypisch-hergestellte Arbeitssituationen für die Kinder ab;
- sucht mit Kindern realtypische Situationen, die aufgegriffen werden (können);
- funktionsorientierten Teilleistungs-„trainings“ wird keine Bedeutung zugemessen, weil aus der Verbindung von sozialem und individuellem Lernen Funktionen der Entwicklung/des Körpers mitberücksichtigt und einbezogen werden;
- richtet sich nicht nach „Erwachsenenwünschen“ und „Erwachsenenproblemen“, sondern nach den Interessen von Kindern;
- knüpft ganzheitliche Beziehungen bewußt aneinander und berücksichtigt reale Sinnzusammenhänge bei der Gestaltung und Umsetzung von Projekten;
- gibt kurzfristigen, aufgesetzten Lernzielen und -erfolgen keine Chance;
- weist kulturellen, gemeinwesenorientierten und handwerklichen Werten eine große Bedeutung zu (Werken: ja, Basteln: nein);
- ermöglicht den Kindern viele neue Erfahrungen;
- sucht für sich und mit Kindern neue Handlungsfreiräume, um sie zu nutzen;
- erarbeitet mit Kindern auf individueller Ebene Handlungsalternativen für anstehende Problemlösungsmöglichkeiten und gibt damit keine Handlungsanweisungen vor;
- versucht, Kinder mit besonderen Problemen oder ungewöhnlichen Verhaltensweisen zu integrieren und nicht auszusondern;
- gibt nötigenfalls Impulse für die Gestaltungsmöglichkeit der anstehenden Situation;

- läßt Pluralität (Vielfalt) und Parität (Unterschiedlichkeit) zur Realität werden im Rahmen vorhandener oder neu zu gestaltender Situationen.

Der „Situationsorientierte Ansatz in der sozialpädagogischen Praxis“ ist zwar in vielerlei Munde, doch zeigt sich in der Praxis, daß oftmals nur einzelne Teilaspekte übernommen werden. Einzelne Merkmale zu übernehmen ist sicherlich ein guter Anfang, bedeutet aber noch nicht, daß nach dem „Situationsansatz“ gearbeitet wird.

Es gibt ein altes russisches Sprichwort:

> „Nicht der hat gehandelt,
> der begonnen hat,
> sondern jener,
> der die Sache zu Ende gebracht hat."

Beispiel D: In einem anderen Kindergarten arbeitet Sylva, Erzieherin in der Einrichtung seit einigen Jahren. Sie ist Gruppenleiterin in einer Kindergruppe von 23 Jungen und Mädchen. In dem Kindergarten befindet sich ein Kind mit besonders großen Problemen. Marian, so heißt der 4-jährige Junge, schlägt und boxt andere Kinder, zerstört ihre „Bauwerke", gebraucht Schimpfwörter am laufenden Band und schreit häufig immer dann, wenn er nicht seinen Willen bekommt. Da die MitarbeiterInnen des zuständigen Weiterbildungsinstituts in Zusammenarbeit mit den MitarbeiterInnen und den Eltern auch psychotherapeutische Hilfsangebote für und in Kindergärten planen und durchführen, kam es zu einem Besuchstermin.

Dabei bot sich dem Besucher folgendes Bild: Kaum, daß er in die Eingangshalle des Kindergartens eingetreten war, schlug ihm ein unbändiger Lärm entgegen, der durch alle Räume zu dringen schien. Die Türen der einzelnen Gruppenräume standen offen, die Kinder flitzten durch alle Zimmer und spielten „Fangen". Dabei entstand eine Menge an Ärger bei den unbeteiligten Kindern.

Der Besucher entschied sich, in eine der Gruppen hineinzugehen, um eine Ansprechpartnerin zu finden. Im Gruppenraum selbst herrschte Aufregung: Florian und Anna hatten offensichtlich mächtig Streit miteinander. Sie lagen auf dem Boden, zerrten sich an den Haaren und schrien sich an: „Das ist mein Spielzeug. Gib es mir zurück!" In einer anderen Ecke des Raumes saßen Katrin und Tim, schauten sich ruhig an und hielten sich die Ohren zu. Erst jetzt bemerkte der Beobachter, daß auch eine Erzieherin im Raum anwesend war. Sie saß auf einer Matratze – zusammen mit drei Kindern – und las ihnen aus einem Märchenbuch vor, wobei sie immer wieder auf die beiden streitenden Kinder achtete. Nach kurzer Zeit stand sie dann auf, bat die drei Kinder, kurz auf sie zu warten, ging zu Florian und Anna und trennte die beiden Kinder. Sie bat Florian, sich in den großen Garten zu begeben und sich „mal so richtig auszutoben", Anna machte sie das Angebot, doch mit ihr in die Kuschelecke zu kommen. Dort könne sie zusammen mit den anderen drei Kindern das Märchen zu Ende hören, und außerdem würde Florian sie dort sicherlich nicht stören. Anna willigte maulend, unzufrieden und noch leise weinend ein, ließ sich von der Erzieherin an die Hand nehmen, und gemeinsam machten sie sich auf zur Kuschelecke. Erst durch die Frage eines Jungen: „Und was willst du hier?“ wurde die Erzieherin auf den Besucher aufmerksam. Sie bat die Kinder, ein zweites Mal zu warten, ging auf den Besucher zu und stellte sich vor. Es war Sylva, die Erzieherin, die wegen Marian um Hilfe gebeten hatte. In der Zwischenzeit kamen Tanja und Marco zu Sylva und erzählten von ihrem Mißgeschick, daß nämlich das ganze Wasserglas umgefallen sei, das sie zum Tuschen brauchten. Sylva ließ nun wiederum – freundlich auf das Mißgeschick der Kinder hinweisend – den Besucher für kurze Zeit alleine und half den Kindern, die Pfütze aufzuwischen. Anschließend bat sie Kathrin, ihre Praktikantin, in der Gruppe zu bleiben, weil sie mit ihrem Besucher im LeiterInnenzimmer ein Gespräch wegen Marian führen wolle.

Endlich waren beide im Sprechzimmer, und bevor Sylva von Marian erzählte, ging sie bereitwillig auf die Frage des Besuchers ein, ob es denn immer so stimmgewaltig und aktiv in dem Kindergarten zugehe. Sylva bejahte die Frage und erzählte stolz, daß sie und ihre MitarbeiterInnen nach dem „Situationsorientierten Ansatz“ arbeiteten. Bei genauerem Nachfragen ergaben sich dabei folgende Eckwerte ihres Verständnisses dieses Ansatzes:

- „Wenn Situationen sich spontan in der Kindergruppe ergeben, dann greife ich diese auf, und wir versuchen dann gemeinsam, das Problem zu klären.“
- „Einen Wochen- oder Monatsplan lehnen wir MitarbeiterInnen ab, weil jeder Plan die Phantasie und Kreativität der Kinder und MitarbeiterInnen einschränkt.“
- „Die Bedürfnisse der Kinder haben absolute Priorität in der Gestaltung des Tagesablaufes. Wir beobachten ihr Verhalten und sprechen sie dann daraufhin an, ob wir ihnen helfen können.“
- „Wir haben einen offenen Kindergarten und offene Gruppen. Die Kinder können dann jeden Morgen schauen, zu wem sie gerne gehen möchten, mit wem sie spielen wollen und was sie dann gemeinsam unternehmen können.“
- Die MitarbeiterInnen und ich wollen die Kinder in ihrer Einmaligkeit erleben und ihnen den Freiraum geben, den sie zu Hause eigentlich gar nicht mehr haben.“
- „Kinder brauchen Bewegungsfreiheit und vielfältige Möglichkeiten, ihre eigene Neugierde in Aktivitäten umzusetzen.“

Die Aussagen von Sylva könnten weiter fortgesetzt werden, würden in der Übersicht allerdings keine grundsätzlich neuen Aspekte bringen. Der ausgewählte Teil der Beobachtungen wird trotz seiner Unvollständigkeit ausreichen, *charakteristische Merkmale* zu verdeutlichen:

a) Die in diesem Kindergarten erspürte Atmosphäre schien sehr viel *Unruhe und Hektik* auszudrücken, weil

- Lärm statt Lautstärke,
- Spannung statt einem Gespanntsein und
- Ruhelosigkeit statt Neugierde

vorherrschten. Hier schien, um es einmal sehr salopp formulieren zu dürfen, das „Gesetz des Dschungels" Vorrang zu haben, wo der Stärkere das Sagen hat und die Schwächeren schauen müssen, wo sie abbleiben können.

b) Die Aktivitäten der Kinder zeigten sich entweder in der Produktion von Lärm, in der Auseinandersetzung in Streitsituationen oder in der Abwehr des Lärms (Ohren zuhalten). Der Eindruck entstand, daß eigenständige, zielorientierte und auf andere Interessen ausgerichtete Aktivitäten offensichtlich kaum oder gar nicht zu entwickeln und umzusetzen waren.

c) Sylva konnte aufgrund ihrer Einbindung in die Vorleseaktivität nicht den Streit von Florian und Anna im Sinne ihres Verständnisses von „Situationsorientierter Arbeit" aufgreifen, sondern *löste den Streit für die Kinder. Sie* gab die Hinweise auf weiteres Verhalten, *sie* bot Lösungsmöglichkeiten an, und *sie* regelte alles in kurzer Zeit nach *ihren* Vorstellungen von Richtigkeit.

d) Durch die völlig unterschiedlichen Aktivitäten der Kinder und ihr Bemühen, *gleichzeitig für alle Kinder Ansprechpartnerin* zu sein, mußte sie notgedrungen begonnene Aktivitäten *unterbrechen.* Da sie auch bei der neuen Hilfestellung nur *zeitweilig* dabeisein konnte, *regelte sie vieles,* um wieder zurück zu ihrer Ausgangsaktivität zu kommen.

e) Ein „roter Faden" inhaltlicher Art wurde von Sylva und ihren MitarbeiterInnen abgelehnt, weil hier die Meinung vorherrschte, Planung habe *immer eine Verplanung* zur Folge, was natürlich so nicht richtig ist.

f) Das „Aufgreifen spontaner Situationen" muß bei der Vielfalt der Ereignisse und bei der Unterschiedlichkeit der Kinder immer im Ansatz steckenbleiben, weil die Merkmale *Zeit* und *Raum* nicht gegeben sind;

g) Die von Sylva formulierten Ziele, daß sie die Phantasie und Kreativität der Kinder nicht einschränken, sondern unterstützen möchte, werden sich nach Lage der Beobachtungen *nicht erreichen lassen,* weil die sie unterstützenden Bedingungen nicht gegeben sind.

h) Die von Sylva formulierten Werte, daß „die Bedürfnisse und Interessen der Kinder absolute Priorität haben", sind auf der einen Seite hoch einzuschätzen. Auf der anderen Seite läßt Sylva dabei völlig den Umstand außer Betracht, daß viele Verhaltensweisen, die die Kinder in dem Kindergarten zeigen, sicherlich auch eine *Folge der Bedingungen und der besonderen Atmosphäre* sind. Primärbedürfnisse werden möglicherweise zum großen Teil *überlagert von Sekundärinteressen,* hier im Kindergarten möglichst gut „über die Runden zu kommen".

i) Ein „offener Kindergarten" und „offene Gruppen" sind Merkmale einer kindzentrierten Pädagogik, wenn sie in *Verbindung mit anderen* kindzentrierten Bedingungen zusammentreffen und eine *Einheit bilden.* Sylva nennt zwar die o. g. Begriffe, läßt *zusätzliche* Ergänzungen aber unberücksichtigt.

j) Die Äußerung von Sylva, daß die „MitarbeiterInnen und sie die Kinder in ihrer Einmaligkeit erleben wollen und ihnen den Freiraum geben möchten, den sie eigentlich gar nicht mehr zu Hause haben", läßt von seiten aller MitarbeiterInnen ein *erwachsenenbezogenes Interesse* erkennen unter Bewertung der „bösen Eltern" und unter Ausblendung eines „Interesses an Eltern" zur Zusammenarbeit und zur Nutzung von Möglichkeiten, gemeinsam mit Eltern nach Veränderungsmöglichkeiten zu suchen. Was daher deutlich fehlt, ist die Öffnung des Kindergartens *nach außen* und das Interesse, Öffentlichkeitsarbeit gezielt zu unternehmen.

Sylvas Arbeit und das Arbeitsverständnis der MitarbeiterInnen, der Ablauf in der Gruppe und die Gestaltung der Zeit im Kindergarten weist dabei deutlich auf einen Ansatz, den es zwar in der elementarpädagogischen Literatur nicht gibt und der daher nicht näher beschrieben ist, der aber dennoch *real existiert* und ein *Zusammenschnitt* aus dem „funktionsorientierten Ansatz" und dem „Situationsorientierten Ansatz" zu sein scheint. Da werden *ein-*

zelne Elemente herausgegriffen, im Hinblick auf subjektives Gefallen berücksichtigt und aus ihren Zusammenhängen herausgenommen. Natürlich könnten auch weitere Beispiele ergänzend genannt und beschrieben werden, bei denen z. B.

- ein eher funktionsorientierter Ansatz zum Tragen kommt (ein bißchen Vorschulerziehung, dafür aber freies Frühstück);
- ein eher situationsorientierter Ansatz sichtbar wird (keine vorschulische Erziehung, dafür aber Aufteilungen im Zeitablauf der Vormittage),
- ein eher funktionsorientierter Ansatz realisiert wird (Strukturierung der Abläufe durch die Erzieherin, dafür aber keine Wochenpläne im Aushang),
- ein eher situationsorientierter Ansatz bevorzugt wird (Planung von einzelnen Projekten im Jahr, dafür aber genaue Lernzielformulierungen, um die Erwartung der Eltern zu erfüllen).

Die Reihe der Beispiele könnte endlos fortgesetzt werden, scheint aber in diesem Zusammenhang nicht nötig zu sein, weil die Kernaussage bleibt.

Zusammenfassend kann gesagt werden, daß die Arbeit von Sylva und ihren Mitarbeiterinnen deutliche Hinweise auf den sogenannten „ANSATZ ZUR ANLASSPÄDAGOGIK" gibt. Dabei werden mehr oder wenig willkürlich *„Anlässe"* von Kindern durch die Mitarbeiterinnen aufgegriffen und vertieft – allerdings *eher kurz- als mittelfristig, eher ungeplant als geplant, eher individualistisch als in/mit den einzelnen Kindern in der Gruppe und eher produkt- als prozeßorientiert.*

Diese Widersprüchlichkeit zeigt sich auch in den wichtigsten Merkmalen:

Erzieherin (Person/Rolle)

- gibt sich nach außen als lernende Person aus, hält aber an einmal gefundenen Werten eher starr fest;
- glaubt, sich als Person den Kindern und Eltern zu offenbaren, arbeitet aber aktiv an der Aufrechterhaltung ihrer Rolle und Funktion;
- möchte Kinder in ihrer Risikofreudigkeit unterstützen, gibt der eigenen Risikofreudigkeit aber weniger Raum;

- versteht sich durchaus als „Begleiterin von Kindern" *und*
  a) strukturiert dennoch sehr stark vor bzw.
  b) läßt eigenen Freiräumen wenig Platz;
- redet viel über die Bedeutung „ganzheitlichen Lebens", spürt aber wenig Möglichkeiten, „ganzheitlich" mit vielschichtigen Situationen umzugehen;
- spürt durchaus Widersprüche, verzweifelt aber mit der Zeit an der Erfahrung, diese nicht lösen zu können.

Arbeitsweise und Arbeitsverständnis der Erzieherin

- wendet sich je nach den Möglichkeiten, die die aktuelle Gruppensituation zuläßt, spontan bestimmten Kindern zu;
- läßt Vielfältigkeit der Arbeit zu, erlebt aber auch, daß die Vielfältigkeit eine eigene, nicht mehr steuerbare Dynamik entfalten kann/wird;
- versucht, in besonderem Maße auf Kinder mit besonderen Problemen einzugehen, wendet sich aber den einzelnen Kindern individualistisch zu aus Unsicherheit/Angst heraus, „zu stark zu beeinflussen"
- läßt Kindern ein großes Maß an Freiraum, unterschätzt aber die Gefahr der Eigendynamisierung mit der Folge, daß Kinder starke Verunsicherungen erleben (können) und Auffälligkeiten im Bereich ihres Verhaltens entwickeln, die ein Signal eigener Unsicherheiten sind;
- läßt weitgehend kulturelle und handwerkliche Aktivitäten außer acht; gibt aus Zeitplanungsgründen „Bastelangeboten" den Vorzug.

Persönlichkeitsmodell von Kindern

- versteht Entwicklung von Kindern als einen Vorgang, der sich von ganz alleine vollzieht;
- traut Kindern zu, grundsätzlich ihre Bedürfnisse und Interessen selber zu artikulieren;
- hält Kinder grundsätzlich für so stark und emotional stabil, daß sie bereit und in der Lage sind, hilfreiche Situationen für sich selber alleine und kompetent zu organisieren.

Wie erwähnt, ist die „Anlaßpädagogik" häufiger in der Realität als in der Literatur selbst zu finden. Das Beispiel und die Nennung der Merkmale machen wohl mehr als deutlich, daß mit diesem Ansatz vielen Kindern nicht geholfen ist, sich zu *entwickeln,* weil Inkonsequenzen eine einheitliche Haltung nicht zulassen und Kinder verwirren können (werden) bei ihrer Suche, Sicherheiten zu erleben.

Soweit die Kurzvorstellung von *vier elementarpädagogischen Arbeitsansätzen.*

Zwar wird in der Diskussion der unterschiedlichen Ansätze auch noch der „SOZIALISATIONSANSATZ“ erwähnt, soll aber an dieser Stelle keine Berücksichtigung finden, weil er in der Praxis so gut wie nicht vorkommt.

Es wäre gewiß im Sinne der Bestandsaufnahme der *eigenen Arbeit* sehr hilfreich, wenn MitarbeiterInnen ihr Interesse an einer *Analyse der eigenen Kindergartenpraxis* spüren und gemeinsam in ihren Teamsitzungen den Versuch unternehmen,

- sich gegenseitig ihren „Tagesablauf in der Gruppe“ vorzustellen;
- die realen Tagesabläufe unter dem Aspekt der „Zuordnung von Merkmalen“ analysieren und
- aus der „Merkmalezuordnung“ die *reale* Entscheidung treffen,

a) wer in welcher Gruppe welchen „elementarpädagogischen Ansatz“ vertritt und
b) ob es möglich ist, *dem Kindergarten als Ganzes einen Ansatz* zuzuordnen.

Nur eine klare Bestandsaufnahme läßt Veränderungsansätze möglich werden.

6. Gemeinsames Leben und Lernen innerhalb und außerhalb des Kindergartens – Kennzeichen und Schwerpunkte des „Situationsorientierten Ansatzes in der sozialpädagogischen Praxis“

Gegen Ende der 60er und zu Anfang der 70er Jahre erfuhr die Kindergartenpädagogik mehr denn je eine Beachtung, wie sie vorher – und leider auch in den Folgejahren – nicht mehr beobachtet werden konnte. Ausgehend von unterschiedlichen Forschern mit unterschiedlichen Forschungsschwerpunkten und teilweise sich heftig widersprechenden Auffassungen wurden vermehrt Artikel, Buchveröffentlichungen, Empfehlungen und Richtlinien publiziert, die zusammengefaßt *drei Hauptrichtungen aufwiesen:*

1. Eine Gruppe glaubte, in der kindlichen Entwicklung – gerade im Alter von 3 bis 6 Jahren – ein überaus großes Potential zur Entwicklungsförderung zu entdecken, das im Rahmen einer leistungsorientierten Gesellschaft sehr zielgerichtet genutzt werden sollte, um Kinder in „frühem Lesenlernen“, „einer zweisprachigen Erziehung“ und einer „grundsätzlich frühzeitigen intellektuellen Förderung“ schon im Kindergartenalter auf eine direkte Vorschulförderung auszurichten.

2. Eine zweite Gruppe bestand auf der „Anerkennung eines eigenen Entwicklungszeitraums KINDHEIT“. Danach sollten Kinder die Möglichkeit haben, sich selber und ihre Umwelt zu verstehen und mit Hilfe ausgebildeter PädagogInnen die Chancen ergreifen können, Erlebnisse und Situationen aus ihrem täglichen Leben gewissermaßen „nach- und aufzuarbeiten“.

3. Schließlich gab es eine dritte Gruppe, die davon ausging, daß Kinder grundsätzlich ihre eigenen Bedürfnisse selber regeln können und dies am besten in einer Atmosphäre, die „repressionsfrei und gewaltlos“ gehalten ist (gemeint ist hierbei die „antiautoritäre Bewegung“).

Viele MitarbeiterInnen in den Kindergärten, Tagesstätten, Horten und Kinderläden waren dabei nicht selten von der Intensität der

Forderungen und der Schnelligkeit des Tempos, mit dem die „neuen Ansprüche“ proklamiert wurden, überrascht und fühlten sich auch überrollt. „Sprach- und Denktrainingsmappen“, „didaktische Arbeitsmaterialien“ und „Lernprogramme“ erschienen auf dem Markt, und ErzieherInnen nutzten diese als „Arbeitshilfen“ teilweise unreflektiert und im Vertrauen auf die Richtigkeit der Aussagen und Versprechungen. Schon wenig später zeigten neue Forschungsarbeiten die *völlige Wirkungslosigkeit dieser isolierten Lernprogramme* im Hinblick auf eine mittel- und langfristige Entwicklungsförderung. „Rein in die Kartoffeln – raus aus den Kartoffeln“, wie es einmal eine Erzieherin voller Wut auf sich und die „abgesicherten Forschungsdaten“ formulierte.

Überall gab es kontroverse Diskussionen, aufgezeigte Widersprüche, ernsthafte und polemische Debatten, politische Stellungnahmen. Trotz aller Problematik und aller tragikomischen Auswirkungen machten die Diskussionen und Auseinandersetzungen eines deutlich: Im ELEMENTARBEREICH stand – dringender denn je – eine Erneuerung, ein Überdenken bisheriger Arbeit und ein Planen neuer Perspektiven an. So wurden in den Jahren seit 1970 von Trägern der freien und öffentlichen Jugendhilfe, von Universitäten und wissenschaftlichen Instituten sowie von Landesministerien unterschiedliche Modellversuche in verschiedenen Bundesländern eingerichtet und durchgeführt. Aber auch hier widersprachen sich die Forschungs- und Arbeitsansätze, wurden „Glaubenskriege“ ausgetragen, und jede Institution glaubte, den Stein der Weisen gefunden zu haben. Im Jahr 1973 griff der *Deutsche Bildungsrat* die Pluralität der unterschiedlichen Modellversuche dadurch auf, daß er allen interessierten Institutionen Vorschläge für eine curriculare „Entwicklungsarbeit in Modellkindergärten“ unterbreitete und „Empfehlungen zur Errichtung eines Modellprogramms für Curriculumentwicklung im Elementarbereich“ vorlegte. Freudige Begrüßung der Aussagen wie heftige Kritik waren die Folge, und die Bundesländer lehnten die Umsetzung der Bildungsrats-Empfehlungen ab. Allerdings wurde der dort vorgestellte *„Pädagogische Ansatz zum situationsbezogenen Lernen“* von vielen beachtet und grundsätzlich geschätzt. So heißt es dort u. a.: „Bei der Entwicklungsarbeit ist von den *realen Lebenssituationen der Kinder* auszugehen“ (und sie dahingehend zu unterstützen), „ihre *Lebenssituationen zu beeinflussen und zunehmend selbständiger zu bewältigen.* Zugleich sollen die Kinder *beteiligt* *werden*, sachliche Probleme soweit als möglich gemeinsam zu lösen und soziale Konflikte zu verstehen, zu meistern oder zu ertragen" (Deutscher Bildungsrat 1973, S. 13 f.). Schließlich wurden die überregionalen Planungsarbeiten ab 1974 innerhalb der Bund-Länder-Kommission (BLK) unter direkter Beteiligung des Deutschen Jugendinstituts (DJI) koordiniert, und neun Bundesländer einigten sich, in den Jahren 1975–1978 ein „Erprobungsprogramm für Curriculum-Materialien im Elementarbereich" unter der finanziellen Beteiligung des Bundes durchzuführen.* Insgesamt beteiligten sich bei dem Großversuch 240 Kindergärten mit 960 ErzieherInnen und 15 000 Kindern sowie 60 Wissenschaftler und SozialpädagogInnen. Ein damals entstandener und noch heute nicht ausgeräumter *Widerspruch* entstand vor allem durch das „Curriculum Elementare Sozialerziehung", in dem *„Didaktische Einheiten"* entwickelt und aufbereitet wurden. So z. B. zu den Themen:

Wir lernen uns kennen; – Jeder hat ein Zuhause; – Unsere Kindergartengruppe; – Wir erkunden unsere Umgebung; – Konflikte in unserer Umgebung; – Wie wir wohnen und wie Menschen in anderen Ländern wohnen; – Wie wir uns kleiden und wie Menschen in anderen Ländern sich kleiden; – Was wir essen und was Menschen in anderen Ländern essen.

Dazu kamen dann weitere *„Didaktische Einheiten"*, wie z. B.:

Kinder im Krankenhaus; – Kinder kommen in die Schule; – Werbung; – Wochenende; – Verlaufen in der Stadt; – Über den Umgang mit Märchen; – Kochen, Ausflug, Kinderfeste; – Neue Kinder in der Gruppe; – Müll; – Meine Familie und ich; – Tod; – Besitz; – Arbeit; – Kinder als Außenseiter; – Kinder allein zu Hause; – Wir haben Ferien; – Fernsehen; – Kinder und alte Leute; – Junge und Mädchen; – Geburt und Zärtlichkeit; – Behinderte Kinder; – Gastarbeiterkinder; – Kinder aus unvollständigen Familien; – Aufräumen, Essen, Einschlafen; – Spielsituationen.

So gut und berechtigt die o. g. „Didaktischen Einheiten" auch sein mögen, so widersprüchlich stehen sie dennoch zur Zielsetzung des „Situationsorientierten Ansatzes in der sozialpädagogischen Praxis". Hier wurde wieder einmal *für* Kinder gedacht. *Erwachsene* glaubten, individuelle Wünsche, Bedürfnisse und Interessen von Kindern *verallgemeinern* zu können und *Themenbereiche bis in alle*

* Das Land Baden-Württemberg arbeitete nur in assoziierter Form mit und Bayern beteiligte sich nicht, machte aber den übrigen Ländern das Angebot, seine Materialien zu erproben.

Kleinigkeiten und Feinheiten festlegen zu dürfen, um Arbeitsvorhaben anzubieten. Sicherlich war dies so nicht beabsichtigt, doch hat die Praxis gezeigt, daß damals und auch heute noch die Ordner benutzt und die Inhalte angewendet werden.

Kritische LeserInnen werden daher einen Bezug zum „funktionsorientierten Ansatz“ herstellen können. Es entspricht den Tatsachen, daß die „Didaktischen Einheiten“ bedeutsame Merkmale vom funktionsorientierten Ansatz übernommen haben, auch wenn sie mit anderen Themen, anderen Vorzeichen und anderen Interessen arbeiten.

Zusammenfassend kann vielleicht die folgende Aussage die Ausführungen zu den „Didaktischen Einheiten“ auf den Punkt bringen: Die „Didaktischen Einheiten“ haben dem „Situationsorientierten Ansatz in der sozialpädagogischen Praxis“ insofern geschadet, als sie dazu verhalfen, einen neuen, nämlich den „SITUATIONSANSATZ AUF FUNKTIONSORIENTIERTER GRUNDLAGE“ ins Leben zu rufen. Das führte in der Praxis zu ähnlichen Widersprüchen und Verunsicherungen wie die Propagierung und später wieder aufgehobene Erklärung zur Bedeutung „vorschulischen Arbeitens“. Also auch hier: „Rein in die Kartoffeln – raus aus den Kartoffeln.“

Was möchte der „Situationsorientierte Ansatz in der sozialpädagogischen Praxis“ nun wirklich? Hier die wesentlichen Antworten:

1. Er möchte dabei helfen, daß „Kinder verschiedener sozialer Herkunft und mit unterschiedlicher Lerngeschichte befähigt werden, in Situationen ihres gegenwärtigen und künftigen Lebens möglichst autonom und kompetent denken und handeln zu können“ (Arbeitsgruppe Vorschulerziehung, 1976, S. 15).

Erläuterung: Hier sollen Kinder aus einem Wohnbereich in Unabhängigkeit von den Berufen ihrer Eltern und in Unabhängigkeit ihrer Lebensbiographien dahingehend unterstützt werden, sich mit *realen Lebenssituationen* auseinanderzusetzen. Dabei gilt es, ihre Selbständigkeit und Eigenaktivität zu unterstützen, so daß sie *selber* die Erfahrung machen, daß Mut, Interesse und Neugierde dabei helfen, sich mit aktuellen Situationen auseinanderzusetzen. Dabei geht es ihnen gegenwärtig besser, und gleichzeitig erfahren sie dadurch Verhaltensweisen, die ihnen auch in der Zukunft helfen können, selbstbestimmter und reflektierter zu entscheiden.

2. „Lern- und Erfahrungsprozesse sind dabei stärker auf gesellschaftliche Praxis zu beziehen, und durch die Analyse von Situationsbereichen ... ist es besser möglich ... zu einer besseren Begründung der Ziele und Inhalte von Bildungsprozessen zu gelangen" (Arbeitsgruppe Vorschulerziehung, 1975, S. 14).

Erläuterung: Die Arbeit der MitarbeiterInnen mit den Kindern hat sich einerseits natürlich *im Kindergarten* zu vollziehen, andererseits hat sich die Einrichtung aber auch mehr als bisher auf das *„Draußen"* zu konzentrieren; also auf Situationen, mit denen Kinder täglich in Berührung stehen: dem Straßenverkehr, den Einkaufshäusern und Geschäften, dem Lärm, den Arbeitsstätten der Eltern, dem Tierheim, den öffentlichen Verwaltungsgebäuden, dem Müllproblem, den Unfällen, den asylsuchenden Menschen, den Bauaktivitäten vor Ort ... ErzieherInnen kommt dabei die Aufgabe zu, die besonderen, *realen Situationsbereiche* der Kinder in Erfahrung zu bringen (womit sind Kinder heute real konfrontiert und was beschäftigt, beunruhigt die Kinder heute?) und zu durchdenken, inwieweit sie eine *reale* Bedeutung für Kinder haben. Diese gilt es mit Kindern auszuwählen. Und genau damit ist es möglich, die *tägliche Arbeit aus den Lebenssituationen der Kinder zu begründen,* für Kinder und die Arbeit treffende Ziele zu formulieren und mit Inhalten anzureichern, um zu einer *kindorientierten Projektplanung zu kommen unter aktiver Mitsprache und Mitplanung der Kinder.*

3. ... Dabei ist „also von Situationsanlässen auszugehen und das Lernen und Erfahren der Kinder nach Möglichkeit in den Situationen selbst zu organisieren" (Arbeitsgruppe Vorschulerziehung, 1975, S. 15).

Erläuterung: Es geht um Situationen, die *von Kindern als bedeutsam* erlebt („erlitten") werden, Situationen, die einen ganz engen *Bezug zu den lebensbiographischen* Daten der Kinder haben. Worum es nicht geht, ist dies, daß sich nämlich ErzieherInnen hinsetzen und in einem „natürlichen Interesse an Kindern" wie selbstverständlich aus *Erwachsenensicht* planen und anbieten.

4. Der „Situationsorientierte Ansatz in der sozialpädagogischen Praxis" ... „versucht, die einzelnen zu fördernden Bereiche und Funktionen wie Sprache und Motorik, Intelligenz und Kreativität (Phantasie und Interessen, Denken und Gefühle) durch den Rückbezug auf die Anforderung *der jeweiligen Situation im sozialen Zusammenhang* zu fördern; er mißt dem sozialen Lernen im Rahmen der Vermittlung wie bei der Zielsetzung eine besondere Bedeutung bei" (Hemmer/Obereisenbuchner, 1979, S. 61).

Erläuterung: Bei allen Aktivitäten und Projekten ist – anders als bei dem „funktionsorientierten Ansatz“ darauf zu achten, daß folgende Elemente *gleichzeitig miteinander verbunden* werden:

- Erfahrungslernen der Kinder bei gleichzeitigem Angesprochensein in allen neuen Entwicklungsbereichen (Handeln + Denken + Gefühle spüren + sich bewegen können + Phantasie entwickeln + möglicherweise ungewöhnliche Lösungsmöglichkeiten ausprobieren + Sprache einsetzen können + eigenes Wissen nutzen + alles alleine oder zusammen mit anderen machen können).
- Erfahrungslernen des Kindes in der realen Situation vor Ort;
- Erfahrungslernen, daß es besonders hilfreich ist, wenn andere Menschen (Kinder und/oder Erwachsene) Unterstützung und Hilfe anbieten, besonders dann, wenn die Situation uneindeutig, fremd oder sogar angstauslösend ist.

5. Der „Situationsorientierte Ansatz in der sozialpädagogischen Praxis“ /.../ „wendet sich *gegen Beschränkungen des Lernens* auf den *abgeschlossenen Raum Kindergarten* /.../ und versucht, Lernen an unterschiedlichen Orten und in unterschiedlichen sozialen Bezügen zu organisieren“ (Hemmer/Obereisenbuchner, 1979, S. 62).

Erläuterung: Wenn der Kindergarten tatsächlich – wie es in vielen Einrichtungen der Fall ist – eine „Inselpädagogik“ praktiziert und sich der Außenwelt eher verschließt, dann besteht für Kinder die Gefahr, in zwei voneinander getrennten Welten aufzuwachsen. Das käme – würden wir hier mit pathologischen Krankheitsbildern arbeiten – einer Schizophrenie gleich, zumal der Versuch der Kinder, die voneinander getrennten Welten zu verbinden, jeden Tag durch den Besuch des Kindergartens zunichte gemacht werden würde. Zertrennte Welten als „Nebenbeiergebnis“ der Pädagogik – welch ein Drama für Kinder. Zu der bewußten Öffnung des Kindergartens kommt noch etwas dazu: Kinder haben die Möglichkeit, an unterschiedlichen Orten – bekannten und unbekannten – und in unterschiedlichen sozialen Bezügen – z. B. in der eigenen Wohnung und der der anderen Kinder, in der eigenen Straße und in den Straßen, wo die anderen Kinder zu Hause sind ... zu lernen. Sie *erfahren* (kognitiv) *und erleben* (motorisch und emotional), daß es

- Freude und Ärger,
- Trauer und Wut,
- Angst und Sicherheiten,
- Armut und Reichtum,
- Anerkennung und Ablehnung,
- Bekanntes und Unbekanntes,
- behinderte und nichtbehinderte Menschen,
- gesunde und kranke Menschen,

- alte und junge Menschen,
- veränderbare und unveränderbare Situationen,
- einschätzbare und unberechenbare Gefahren,
- kleine und große Wohnungen,
- Scham und Stolz

...

...

gibt: Nicht im Bilderbuch oder im Fernsehen, nicht auf der Tonkassette und durchs Erzählen, sondern beim Freund zu Hause, bei seinen Eltern, auf der Straße, im „Heim für behinderte Menschen", im Krankenhaus und der Unfallklinik, im Gemeindehaus und in der Kirche, auf der Arbeitsstelle der Mütter und Väter, im Freibad und ...

6. Der „Situationsorientierte Ansatz in der sozialpädagogischen Praxis" /.../ „geht von der Annahme aus, daß der *Anregungsgehalt* und Sinnbezug, der in aktuellen Situationen und Anlässen enthalten ist, ein ungleich *höheres Maß an Eigenmotivation, Spontaneität und Selbstbestimmung sichert,* als dies bei Verfahren möglich ist, die sich an (sogenannten) Kurssystemen oder der Sachlogik eines Fachgebietes orientieren" (Hemmer/Obereisenbuchner, 1979, S. 61).

Erläuterung: Die Zielsetzung des Ansatzes und die Planung der Projekte richten sich in Unterstützung der Entwicklung der Kinder also an erster Stelle danach aus, daß die Situationen vor Ort und auch im Kindergarten selbst so ausgerichtet sind, daß Kinder *von sich aus (= intrinsisch) motiviert sind,* sich auf ein Erfahrungslernen einzulassen, daß sie sich in ihrer ganzen Flexibilität erfahren und daher Spontaneität zeigen können und *dabei ein Maß an Selbstbestimmung* erleben, das sie nutzen und erweitern können.

7. Weil der „Situationsorientierte Ansatz in der sozialpädagogischen Praxis" wie kein anderer vergleichbarer Arbeitsansatz in der Elementarpädagogik die *Interessen, Bedürfnisse und Schwierigkeiten* jedes einzelnen Kindes zu berücksichtigen versucht, ist er ein Ansatz zur *„Individualisierung der Arbeit".*

Erläuterung: Kinder sind in ihrem Leben und Verhalten ebenso unterschiedlich und vielschichtig wie die Skala eines ganzen Farbenspektrums. Damit geben die Lebenssituationen der Kinder, die Veränderungen aktueller Lebenslagen und Neuerungen plötzlicher Gegebenheiten im Leben der Kinder ihre Interessen und Bedürfnisse, Hoffnungen, Ängste und Schwierigkeiten vor. Kinder sind somit in ihrem Leben *einmalig* und unverwechselbar sie selber. Projekte mit Kindern aufbauen und gemeinsam durchführen bedeutet daher, *Themen, Schwerpunkte und Bereiche* immer *individuell* zu erarbeiten. Nicht das Programm des letzten Jahres mit der „gelben Gruppe“ kann heute zum Programm der „roten Gruppe“ werden. Nicht das im letzten Jahr so „erfolgreich“ durchgeführte Jahresfest kann heute in gleicher Form wiederholt werden. Einmal erarbeitete Konzepte und Projekte sind *Vergangenheit.* Das bedeutet zwar nicht, daß das Vergangene nicht mehr zu nutzen ist. Es bedeutet aber, die Ideen auf die heutige, aktuelle, *veränderte Situation* zu *individualisieren,* unbrauchbare Ideen von damals über Bord zu werfen und neue Gedanken zu spüren und aufzugreifen. „Der Situationsorientierte Ansatz in der sozialpädagogischen Praxis“ ist damit immer „Einzel-Aktualitäts-Arbeit“: sie ist damit umfangreicher, anspruchsvoller und arbeitsintensiver als z. B. eine Arbeitsgestaltung nach dem „funktionsorientierten Ansatz“.

8. Der „Situationsorientierte Ansatz in der sozialpädagogischen Praxis“ ist *keine pädagogische Technik oder didaktische Methode.*

Erläuterung: Wer einmal in einen situationsorientiert arbeitenden Kindergarten hineingeschaut hat, wird die o. g. Aussage noch besser verstehen können, als diese nur zu lesen. Ein Arbeiten nach diesem Ansatz umfaßt *alle Bereiche* der eigenen Person, der Zusammenarbeit mit anderen Institutionen und den Eltern, der Tagesgestaltung, der sozial-politischen und gesellschaftsorientierten Aktivitäten, der Beziehung zwischen den MitarbeiterInnen und den Kindern, der Orientierung nach neuen Zielsetzungen, der Kooperation mit den KollegInnen, dem Verständnis von Offenheit der Einrichtung und der Gemeinwesenorientierung, der Raum- und Außenflächengestaltung und der Fortbildungsaktivitäten, der aktiven und kritischen Zusammenarbeit mit dem Träger und einer Selbst- und Sachkompetenz vor allem in elementarpädagogischen Sachbereichen. Ebenso wie das „Spiel“ durch „seinen Lernspielcharakter“ pädagogisiert und verfremdet wurde, so würde der „Situationsorientierte Ansatz in der sozialpädagogischen Praxis“ durch „festgelegte Projektvorschläge“ oder „didaktisch aufbereitete Projektvorhaben“ auf eine Technik *verkürzt* und *reduziert* werden. Wer daher auf der Suche nach ausgefeilten Techniken ist, kann davon ausgehen, daß bei ihm immer noch der „funktionsorientierte Ansatz“ die Oberhand behalten hat.

Dier „Situationsorientierte Ansatz in der sozialpädagogischen Praxis“ *gleicht einer Haltung, einer persönlichkeitsbedingten Sichtweise* von „ganzheitlicher Pädagogik“ unter besonderer Berücksichtigung der

- Wertschätzung von Kindern,
- Achtung der Rechte jedes einzelnen Kindes,
- Nichtausgrenzung von aktuellen Situationen,
- Bedeutung jedes einzelnen Tages und
- Arbeit an eigener Identität und Professionalität.

9. Der „Situationsorientierte Ansatz in der sozialpädagogischen Praxis“ *lehnt altersgleiche Gruppen, rollenspezifisches Förderverhalten* von seiten der ErzieherInnen, *die Benachteiligung von Mädchen den Jungen gegenüber* (und umgekehrt) sowie die *Ausgrenzung von Kindern mit besonderen Problemen oder Behinderungen ab*“.

Erläuterung: Da der situationsorientierte Ansatz davon ausgeht, daß möglichst alle Kinder aus demselben Umfeld, derselben Wohngegend und demselben Lebensbereich stammen, kann es von daher schon keine Ausgrenzung geben. Kinder, die in derselben Wohngegend zu Hause sind, kennen sich: deutsche und ausländische Kinder, behinderte und nichtbehinderte Kinder, Kinder ohne Geschwister und mit Geschwistern. Da nach dem Verständnis des „Situationsorientierten Ansatzes in der sozialpädagogischen Praxis“ der Kindergarten als ein „Spiegelbild“ des Wohnumfeldes gilt – und auch draußen, außerhalb des Kindergartens, altersgleiche Gruppenzusammensetzungen, von außen bestimmt, völlig *untypisch* sind –, kommt eine altersgleiche Zusammenlegung von Kindern auch hier nicht in Betracht. Da zum anderen der situationsorientierte Ansatz ein gesellschaftspolitischer Auftrag ist, und die Gleichberechtigung aller Menschen immer deutlicher angestrebt wird, werden ErzieherInnen im Kindergarten darauf achten, kein Rollenverhalten von Mädchen und/oder Jungen zu fixieren und zu fördern und vor allem Mädchen nicht zu benachteiligen.

10. Der „Situationsorientierte Ansatz in der sozialpädagogischen Praxis“ *wird nur dort Realität werden, wo gemeinsam mit Kindern Projekte über einen längeren Zeitraum erlebt werden.* Er hat nichts zu tun mit dem „Aneinanderreihen von Situationen“, bei dem jegliches Handeln aus dem bloßen Reagieren der MitarbeiterInnen besteht.

Erläuterung: Das Beispiel von Sylvas Arbeitsweise (vgl. S. 66f.) entspricht dabei dem letzten Satz dieser These. Dort, wo Situationen willkürlich aufgegriffen und in einer Vielzahl – ohne Zusammenhang – addiert werden, verkümmert der Ansatz zur bloßen *„Anlaßpädagogik“.* Darum gilt es, Zusammenhänge zu berücksichtigen und die Arbeitsbedingungen und sich selber so zu verändern, daß einzelne Bausteine *zu einem Gesamtbauwerk* entstehen.

11. Der „Situationsorientierte Ansatz in der sozialpädagogischen Praxis“ ermöglicht ErzieherInnen, Kindern und Eltern ein „generationsübergreifendes“, „multikulturelles“ und „sozialisationsübergreifendes“ Lernen.

Erläuterung: Die Spezialisierung der Pädagogik und Therapie hat es „geschafft“, Kindheiten dadurch immer mehr auseinanderzubringen, daß es spezifische Einrichtungen für Kinder mit besonderen Problemen gibt. So existieren heute „Kindergärten für früh- und hochbegabte Kinder“, „Sonderkindergärten für körperbehinderte Kinder“, „Kindergärten für sehschwache- und hörbehinderte Kinder“, „Kindergärten für sprachbehinderte Kinder“, „Kindergärten für taubblinde Kinder“ und „Tagesstätten für geistigbehinderte Kinder.“ Diese Spezialisierung mag zwar den Kindern im Hinblick auf ihre Primärbehinderung hilfreich sein – obgleich Forschungsergebnisse dazu sehr unterschiedliche Aussagen treffen –, führt aber nicht selten zu neuen Sekundärbehinderungen im emotionalen und sozialen Bereich. Behinderungen werden für nichtbehinderte Kinder mehr oder weniger „unsichtbar gemacht“, und behinderte Kinder lernen einen Umgang in isolierten, extra hergestellten Behinderungsräumen.

Ein zweites: Viele Kinder haben durch die veränderte Situation der Kleinfamilie nicht mehr die Möglichkeit in dem Maße, wie es einmal früher üblich war, mit älteren und alten Menschen in engere und mittel-/längerfristige Beziehung zu treten, mit ihnen zu spielen, sich mit ihnen zu unterhalten, ihre Vergangenheit in Ansätzen nachvollziehen zu können und mit ihnen gemeinsam Unternehmungen und Situationen zu erleben, die lebensbereichernd sind. Der „Situationsorientierte Ansatz in der sozialpädagogischen Praxis“ sucht dabei bewußt unterschiedliche Möglichkeiten auf, daß Kinder und ältere/alte Menschen sich wieder begegnen und die üblich erlebte Trennung – zumindest in Ansätzen – neu erfahren. Da werden ältere und alte Menschen zu Hause oder im Altersheim besucht und Gegenbesuche gemeinsam arrangiert, da können alte/ältere Menschen im Kindergarten bei Projekten mit dabeisein, da werden gemeinsam mit älteren Menschen Besorgungen gemacht oder Aktivitäten unternommen, die einer „Altersghettoisierung“ entgegenwirken. Natürlich ist bei dem Begriff des „generationsübergreifenden Lernens“ *nicht* primär an die üblichen Begegnungen gedacht, wie etwa das „ Einstudieren von Aufführungen mit anschließender Darstellung im Altenheim bei Kaffee und Kuchen.“ Dies entspricht dem klassischen „funktionsorientierten Arbeiten“ und trägt zur Verfestigung der Grenzziehung geradezu bei. Kinder kommen und gehen, die alten Menschen nehmen auf und applaudieren. Und weiter geschieht nichts. Generationsübergreifendes Lernen erhebt den Anspruch, mehr als nur einmalige Begegnungen zu schaffen.

Und ein dritter Punkt: „Multikulturelles Lernen“ geschieht ebenfalls im gemeinsamen Leben und Lernen von Menschen unterschiedlicher Nationen. Der Kindergarten möchte, so er situationsorientiert arbeitet, die Begegnungen untereinander fördern und ist daher für *alle* Kinder und deren Eltern offen. Nicht die Dia-Serie über „Vorurteile“ (wissenschaftstheoretischer Ansatz) noch die Bilderbücher über „fremde Völker, ihr Leben und ihre Kulturen“ (funktionsorientierter Ansatz) reichen aus, multikulturell zu denken und zu fühlen. Erst in der multikulturellen Begegnung innerhalb und außerhalb des Kindergartens ist die Chance gegeben, auch multikulturelle Erfahrungen zu machen und *wirklich solidarisch zu handeln.* Dabei kann/wird der Kindergarten zum *„Dreh- und Angelpunkt"* einer gemeinwesenorientierten Ausrichtung, die durch die enge Zusammen- und Mitarbeit der Eltern einen Modellcharakter vorgeben kann. Kein Modell mit hochwissenschaftlichen Expertisen und dreijähriger Förderungswürdigkeit und gleicher Laufzeit, sondern ein *praktiziertes Modell* vor Ort. Erfahrungsberichte aus Kindergärten, die so arbeiten, machen deutlich, wie langfristig neu geknüpfte Beziehungen halten und weit über „einmalige Einladungen zum Essen" hinausgehen.

Zusammenfassung

Würde an dieser Stelle ein historischer Rückblick auf die Entwicklung des Kindergartens vorgenommen werden, so würde deutlich, daß die jeweiligen Werte und Zeitströmungen der Gesellschaft auch immer die Arbeitsweise der Kindergärten, ihre Ziele und Methoden beeinflußt haben: „Strickstuben" in der Vorindustrialisierung; „Kleinkinderschulen und Kleinkinderbewahranstalten" in der Zeit der Industrialisierung und „Kindergärten für Mittelschichtkinder"; Maximen der Kindergärten in der Kaiserzeit: Ordnung, Zucht und Untertanengeist; Reformpädagogik um 1920 in Kindergärten und Proklamation der „Rechte der Kinder"; Zusammenschluß der Kindergärten zur NS-Volkswohlfahrt während der nationalsozialistischen Gewaltherrschaft; Kindergärten in der Nachkriegszeit und den Wohlstandsjahren als Orte „friedlicher Harmonie und Vorschulstätten". Nahezu immer wurden Kinder *nicht aktiv* mit ihrem sozialen Umfeld, ihren Lebensbedingungen und Situationen vertraut gemacht, damit sie ihr persönliches, kulturelles und ökologisches Umfeld besser verstehen und in Beziehung zum eigenen Leben setzen konnten. Gerade aber durch diese Erfahrungen und Begegnungen könnten sie Zusammenhänge zu ihrem eigenen Leben herstellen und mit anderen Menschen Solidarität entwickeln, so daß kompetentes Denken und selbstbestimmteres Handeln erfahren und gelernt werden könnte. Und genau dies stellt eine wesentliche Voraussetzung dafür dar, daß Kinder, die schon heute BürgerInnen ihres Staates sind, auch in der Zukunft weitgehend selbstbestimmt mit sich und anderen in sozialer und ökologischer Verantwortung leben können.

7. Arbeitskonzeption zum „Situationsorientierten Ansatz in der sozialpädagogischen Praxis“

Zunächst soll noch einmal kurz die Zielsetzung des Ansatzes auf den Punkt gebracht werden. ErzieherInnen in Kindergärten, die sich dem „Situationsorientierten Ansatz in der sozialpädagogischen Praxis“ verpflichtet fühlen, *möchten Kindern* – in enger Zusammenarbeit mit Eltern – die *Möglichkeit geben,*

- *Lebensereignisse und erlebte Situationen,* die die Kinder beschäftigen,
  - *nachzuerleben* (auf der emotionalen Ebene),
  - *diese zu verstehen* (auf der kognitiven Ebene) und
  - *aufzuarbeiten bzw. zu verändern* (Handlungsebene),
- damit sie die Erfahrung machen,
  - *gegenwärtiges Leben zu verstehen und praktische Situationen bewältigen zu können.*
- Dabei werden die
  - *individuellen* Erfahrungen und Erlebnisse eines jeden Kindes – soweit wie möglich – berücksichtigt mit dem Ziel,
  - *eigene, lebenspraktische* Fähigkeiten (Kompetenzen) aufzubauen und zu erweitern
  - *Erfahrungshorizonte* zu vergrößern,
  - *Selbständigkeit weiterzuentwickeln* und
  - *sich selbst als ein Teil von anderen Menschen* zu begreifen, als ein Teil der *Ökologie* zu verstehen und damit *selbstbewußt, kompetent und solidarisch* zu denken und zu handeln.
- Dabei wird das Schwergewicht der Arbeit
  - auf der *Vernetzung von Situationen im Kindergarten und außerhalb des Kindergartens* liegen, um künstlich hergestellte, idealtypische Situationen möglichst zu vermeiden.

Sicherlich ist es schwer, Kinder und ihre Lebenssituationen in den Mittelpunkt der Betrachtung zu ziehen und sich von den vielfältigen Erwartungen, die auch von außen an die Einrichtung gestellt werden, etwas bzw. stärker als bisher zu lösen. Und dennoch ist es zunächst eine Frage der MitarbeiterInnen selbst, *welche Ziele real von Bedeutung sein sollen/werden.* Handlungsschritte vollziehen sich immer erst in den Köpfen der Menschen, und ihre Bewertung gibt den Ausschlag dafür, *wie gearbeitet* und *was getan* wird. Handeln ist damit eine Folge eigener Gedanken und nicht umgekehrt.

Ist die Frage der *Zielsetzung* beantwortet – und dies geht sicherlich nicht von heute auf morgen (!!!) –, und findet dabei auch die Zielsetzung eine *gefühlsmäßige Zustimmung,* können die weiteren Schritte eines situationsorientierten Arbeitens folgen.

Situationsorientiertes Arbeiten vollzieht sich am besten auf der Grundlage einer Schrittfolge, die einerseits zwar „mechanisch“ aufgebaut ist, andererseits aber keineswegs eingrenzend wirkt. Die Voraussetzung dazu ist die Entscheidung *für* den „Situationsorientierten Ansatz in der sozialpädagogischen Praxis“.

*Situationsorientiertes Arbeiten und ein „planvolles Vorgehen“ sind dabei keineswegs Widersprüche.**

Schrittfolge des situationsorientierten Arbeitens

I. ● **Vergegenwärtigung der Lebensbereiche der Kinder und ihres Umfeldes**

↓

II. ● **Sammlung von Situationen**

↓ ↓

III. ● **Analyse der Situationen und ihrer Zusammenhänge**

↓ ↓ ↓

IV. ● **Auswahl von Situationen**

↓ ↓ ↓ ↓

V. ● **Planung eines Projekts (mit Kindern!)**

↓ ↓ ↓ ↓ ↓

VI. ● **Gemeinsame Durchführung des Projekts**

↓ ↓ ↓ ↓ ↓ ↓

VII. ● **Auswertung des Projekts**

* Dieser Punkt wird im Kapitel 9 noch einmal aufgegriffen. (vgl. S. 119 ff)

Der „Situationsorientierte Ansatz in der sozialpädagogischen Praxis“ ist von seinem Aufbau her ein Prozeß in sieben Stufen (von der Vergegenwärtigung der Lebensbereiche der Kinder *und* ihres Umfeldes bis zur Auswertung des durchgeführten und gemeinsam erlebten Projektes). Dabei sollten MitarbeiterInnen nicht in der Gedankenfolge vorgehen, daß „nur“ *ein Schritt dem anderen, vorherigen Schritt folgt“, sondern* nach einem vollzogenen Schritt zwar der neue Schritt folgt, bei seiner Umsetzung aber *immer der vorige Schritt und die Schritte davor* mitberücksichtigt werden.
Dazu *ein Beispiel:*

Haben sich die MitarbeiterInnen der Gruppe/der Einrichtung insgesamt die Lebenssituationen und Erfahrungsbereiche der Kinder unter Berücksichtigung ihrer Umfelder angeschaut und *anschließend* Situationen von besonderer Bedeutung gesammelt, werden sie im Hinblick auf die Auswahl von Situationen eine Analyse der gesammelten Situationen vornehmen. Dabei – also während dieser Zeit – kann sich durchaus etwas Wichtiges in dem Lebensbereich eines Kindes/den Erfahrungsbereichen einiger Kinder verändert haben, so daß sich *aktuell völlig neue, bedeutsame Situationen ergeben.* Auch diese sind dann (obgleich die Arbeitsphase 1 abgeschlossen zu sein schien) wieder *mitzuberücksichtigen!* Das bedeutet nun natürlich nicht, daß immer (!) alle (!) neuen Situationen aufzugreifen sind. Würde dies gemacht werden, käme aufgrund der Lebendigkeit und Aktivität der Kinder immer etwas dazu, und *kein Projekt käme dann jemals zustande!* Nein, worum es sich hier handelt, ist die Berücksichtigung *bedeutsamer Situationen* (z.B. eine Kriegssituation, plötzliche schwere Krankheiten, plötzliche familiäre Tragik in der Lebensbiographie eines Kindes, großer Straßenbau in der Wohngegend, Umbau des Kindergartens), die *augenscheinlich eine Bedeutung für die Kinder haben!* Natürlich ist dies immer eine *Einschätzung von Situationen und deren gefühlsmäßige Bewertung durch die Kinder.* Es darf auch hierbei nicht um die Einschätzung einer primären Bedeutung von ErzieherInnen oder Eltern gehen, sondern um die Erlebnisqualität der Kinder. Zu schnell würde bei einer Situationseinschätzung von Erwachsenen wieder das Moment in den Vordergrund rücken, daß sie es sind, die über den Wert oder die Wertlosigkeit von Situationen bestimmen. Daher geht es nicht anders, als sich in Kinder und ihre Erlebniswelt *einzufühlen* und zu *erspüren,* welche Bedeutung welche Situation offensichtlich hat. Subjektive Einschätzungs- und *Beurteilungsfehler* werden damit immer möglich sein. So kann der Anspruch nicht darin bestehen, sie auszugrenzen, weil es eine irreale Vorstellung wäre, dies zu können, sondern sie soweit wie möglich einzugrenzen und immer stärker zu minimieren.

Zu I: Vergegenwärtigung der Lebensbereiche der Kinder und ihres Umfeldes

Z. B. der **Bereich Familie:**
Geschwister(-beziehungen), Eltern, Großeltern, Verwandtschaft, Wohnung, Größe/Winzigkeit der Zimmer, eigenes Kinderzimmer, Spielzeug, Beziehungsqualitäten zwischen Kind und Eltern, (Un-)Vollständigkeit der Familie, Umzug, Arbeitstätigkeit, Arbeitslosigkeit und ihre unmittelbaren Folgen, finanzielle Möglichkeiten der Lebensgestaltung, Erziehungsziele und -wege der Eltern, Krankheiten, Freizeitgestaltung, Hobbys, mit den Kindern verbrachte/erlebte Zeit, übertragene Verantwortung, Scheidung ...

Z. B. der **Bereich „weitere mitmenschliche Umwelt“**
Isolation von Nachbarn (Anonymität) oder nachbarschaftliche Beziehungen, Spielflächen, Spielplätze, andere Kindergärten, besondere Einrichtungen in der Nähe (Wohnheime für behinderte Menschen, Heime für asylsuchende Menschen, Alten- und Pflegeeinrichtungen ...,), Vereine, FreundInnen, besondere Problembereiche wie Treffpunkte von obdachlosen Menschen, ...

Z. B. der **Bereich „gesellschaftliches Umfeld“**
Verkehrsverbindungen, Straßenführungen, Fahrradwege, Fußgängerwege, Ampeln, Geschäfte, Kaufhäuser, öffentliche Einrichtungen wie Krankenhäuser, Unfallkliniken, Polizei, Beratungsstellen, Ämter, Postdienststellen, Bahnhof, Bushaltestellen, Schulen, Tankstellen, Gaststätten und Restaurants, Banken, ...

Z. B. der **Bereich Natur**
Gärten, Pflanzen, Wälder, Bäche und Flüsse, Tiere, Witterungen, Naturereignisse, mit den Jahreszeiten verbundene Vorgänge in der Natur, besondere landschaftliche Gegebenheiten, die Vielfalt der Naturprodukte, Natur und Umwelt, Naturzerstörungen und ihre Folgen, ...

Z. B. der **Bereich Technik**
Arbeitsgeräte im Haushalt, Fernsehen, Video, Radio, Telefon, Computer, Video-Spiele, Fahrzeuge, Werkmaschinen, Taschen-/Solarrechner, Heizungstechnik, Flugzeuge, Rolltreppen, Automatik-Türen, Photoapparate, Lichtquellen, Alarmanlagen, Uhren, Motoren, Brücken(bau), Druckereien, Kassetten-Recorder, ...

Z. B. der **Bereich Kultur und Handwerk**
Printmedien, audio-visuelle Medien, Musik, Musikinstrumente, Kleidung, Mode, Werbung, Wohnkultur, Eßkultur, Gestaltungsmöglichkeiten von Räumen, Theater, Sprachkultur, Feste, Gebräuche, Herstellung von kulturellen Gütern, Handwerksgeräte, ...

Z. B. der **Bereich Religion und weltanschauliche Werte**
Religionsgemeinschaften, religiöse Feste, Religionen unterschiedlicher Völker, Haltungen, Lebensfragen, ...

Diese kurze Aufzählung unterschiedlicher Lebensbereiche unter einer nur angerissenen Nennung von Beispielen hat einerseits die Bedeutung, unterschiedliche Einflußgrößen auf das Verhalten von Kindern zu verdeutlichen, andererseits zeigt sich aber auch, welche Möglichkeiten existieren, daß *bestimmte Lebensbereiche* und *Themen miteinander verzahnt* sein können. Würde der „funktionsorientierte Ansatz" nun beschreiben, welcher Lebensbereich zuerst „aufgenommen und angeboten wird", nimmt der „Situationsorientierte Ansatz in der sozialpädagogischen Praxis" die *Verbindung der einzelnen Bereiche wahr* und setzt sie in Beziehung zu den Kindern. Dies ist besonders wichtig für die spätere Aufgabe einer Projektplanung bezüglich der Auswahl von Situationen. *Ganzheitliches Lernen nimmt die Verzahnung der Lebensbereiche auf und tritt damit einer Isolierung einzelner Lebensbereiche* entgegen, weil das Lernen von Kindern

- *handlungsbezogen* und
- *erfahrungsbezogen*

stattfindet,

Beispiel: Wenn Kinder *in* einer Situation, z. B. dem Auseinandernehmen eines alten Radios, Interesse daran finden, zu ergründen, was „in dem Kasten" alles steckt, dann herrschen Neugierde und Motivation vor, durch Handlungen weitere Erfahrungen zu sammeln.

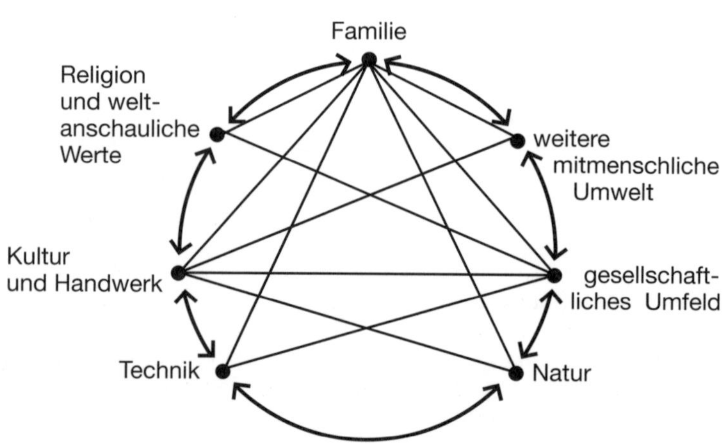

Eine Vernetzung der Situationen und Lebensbereiche stellt sich Kindern daher nicht nacheinander(!) oder nebeneinander(!), sondern als ein *Miteinander* dar. Für viele Erwachsene ist es leider nicht selbstverständlich, vernetztes Denken zum Ausgangspunkt einer *kindorientierten Arbeit* zu machen.

Weil Kinder ihre unterschiedlichen Lebensbereich ständig miteinander verbinden, *darum* entspricht ein vernetztes Arbeiten in Projekten auch der Entwicklungspsychologie des Kindes.

Zu II: Sammlung von Situationen

a) Wie schon des öfteren erwähnt, soll es um Situationen gehen, die *für Kinder* bedeutsam sind. Bedeutsame Situationen haben dabei selbstverständlich einen Lebensbezug und sind nicht künstlich in den Kindergarten transformiert.

Was bringt es einem Kind, wenn es in der Gruppe „Blätter preßt und eine Klebearbeit damit ausführen soll“, wenn es dabei gleichzeitig an seinen Hamster denkt, der am Morgen – vor dem Besuch des Kindergartens – im Garten während des „Freilaufs“ abgehauen ist? Was bringt es für ein Kind, wenn Faltarbeiten auf dem Programm stehen und es immer noch die Situation nachfühlt, Angst vor dem Nachbarjungen zu haben, der den Kindern auf ihrem Nachhauseweg auflauert und ihnen Angst einjagt.

b) Bedeutsame Situationen von unbedeutsamen Situationen zu unterscheiden, ist zunächst einmal nicht einfach, weil für Kinder *weitaus mehr* Situationen bedeutsam sein können als für Erwachsene. Dasselbe gilt auch in umgekehrter Bedeutung. Was Erwachsene glauben, was bedeutsam sein könnte oder „eigentlich bedeutsam sein müßte“, muß für Kinder noch lange keine Wichtigkeit besitzen. Dazu kommt, daß Kinder *ganz anderen Situationen* eine Bedeutung beimessen, als es Erwachsene tun.

So kann es für Kinder emotional etwas bedeuten, wenn sie einen Regenwurm zerteilt haben und nun ins Nachdenken kommen, ob es nicht doch schmerzhaft für den Wurm gewesen ist. Oder der Angsttraum, der sich fast jede Nacht wiederholt und der ein Kind belastet. Oder das nichteingehaltene Versprechen der Eltern, der Kampf um das Spielzeug, das gegenseitige Anschreien der Eltern zu Hause, die unverschlossene Schatzkiste im Kindergarten, der Lärm von einem Flugzeug, der so sorgsam aufbewahrte und nun verlorene Milchzahn, der Streit mit der Freundin, die vertrocknete Pflanze im Gruppenraum ...

Wahrnehmungsoffenheit und *Beobachtungsfähigkeit* der ErzieherInnen sind entscheidende Kompetenzen, die dabei helfen werden, Situationen zu beobachten und zu erfassen.

c) Im „Situationsorientierten Ansatz in der sozialpädagogischen Praxis" gilt daher,
lieber *weitaus mehr Situationen* → *zu bemerken,*

↓

bewußt zu registrieren,

↓

bewußt aufzunehmen,

↓

zu sammeln und

↓

festzuhalten.

d) Situationen zu sammeln bedeutet aber auch, eben nicht nur festzustellen, daß z. B. Jan traurig ist. Das sind nur Ergebnisse in Form eines Endresultates. *Situationen erfassen* soll heißen, mögliche Zusammenhänge – soweit diese zur beobachtbaren Situation offensichtlich waren – zu berücksichtigen.

Z. B.: Jan klammert sich bei der Verabschiedung der Mutter ganz fest an sie, läßt sie nicht los und möchte sie nicht gehen lassen. Jans Mutter reagiert sehr gereizt auf Jan, fordert ihn laut auf, doch in den Gruppenraum zu gehen. Sie müsse zur Arbeit pünktlich erscheinen. Jan beginnt zu weinen, wirft sich auf den Boden, versucht, die Mutter an den Beinen festzuhalten ...

e) Die Sammlung von Situationen bezieht sich dabei auf *alle* Ereignisse und Geschehnisse des Kindes/der Kinder, die für eine Analyse, Auswahl, Planung und Durchführung eines Projekts geeignet sind. Insbesondere fallen darunter

- *Äußerungen von Kindern,*
- *Erzählungen der Kinder,*
- *immer wiederkehrende Spielhandlungen,*

- *plötzliche Spielhandlungen, die vorher nicht aufgefallen sind,*
- *Berichte von Eltern über besondere Ereignisse innerhalb oder außerhalb der Familie,*
- *Verhaltensweisen und erlebte Gefühle von Kindern,*
- *Zeichnungen und Bilder, die Anlaß für das Erkennen bzw. Vermuten von besonderen Erlebnissen sein können*
- ...

f) Es bietet sich an, für *jedes Kind* ein „Blatt zur Sammlung von Situationen“ (siehe Seite 104) anzulegen, um Wahrnehmungen und Beobachtungen im Vielerlei des Kindergartens nicht zu vergessen und jeweils aufzuschreiben.

Dieses oder ein ähnlich aufgebautes Blatt sollte am besten in DIN A3-Größe vorbereitet, entsprechend häufig kopiert und dann in einen Hefter eingelegt werden, so daß für ErzieherInnen jederzeit die Möglichkeit besteht, bedeutsame Geschehnisse einzutragen und damit das *Grundmaterial für ein weiteres Vorgehen zur Verfügung zu haben.* Nichts ist ineffektiver, als wenn sich MitarbeiterInnen zur Projektplanung zusammensetzen und keine belegbaren Beobachtungen zur Verfügung stehen.

Zu III: Analyse der Situationen und ihrer Zusammenhänge

Der dritte Schritt sieht nun so aus, daß während der Mitarbeiterbesprechungen, Teamsitzungen oder gruppeninternen Arbeitstreffen die ErzieherInnen die Situationen, die beobachtet oder gehört wurden, interpretieren und für sich noch verständlicher machen. Dabei ist die genaue Kenntnis von Situationen in höchstem Maße bedeutungsvoll, um nicht eigenen Vermutungen und falschen, verkürzten Interpretationen aufzuliegen. Ungenaue Kenntnisse über die Situationen und Ereignisse, Erlebnisse und bedeutsamen Vorkommnisse sind mehr als verhängnisvoll, weil Arbeit und Zeit für eine mögliche Planung eingesetzt werden, die am „Thema für Kinder“ schlichtweg vorbeigehen. Dabei tauchen immer wieder ganz bestimmte Fragen auf:

- *Welche direkten Einflüsse* (= Bedingungsfaktoren) scheinen das Verhalten des Kindes/der Kinder so beeinflußt zu haben, daß sich das Kind/die Kinder *so verhält*/so verhalten?

- *Welche Situation genau* scheint für das Kind bedeutungsvoll zu sein, und wie steht sie mit anderen *Situationen in Beziehung?*
- *Wo scheint die Situation häufig,* weniger häufig, selten, nie aufzutreten?
- *Welches der vier Grundgefühle kommt bei den Situationen besonders* zum Vorschein: Angst, Freude, Trauer oder Wut?
- *Welche Auslöser genau* scheinen für die Situation verantwortlich zu sein?
- *Was könnte das Kind veranlaßt haben, sich so zu verhalten, wie es sich verhält* (auf Sinnzusammenhänge achten!)?
- *Wo sollten ErzieherInnen noch genauer* hinschauen, um die Bedeutung der Situation für das Kind noch besser und differenzierter zu begreifen?

- *Was löst die Situation bei den ErzieherInnen aus?* Wie groß ist die eigene Betroffenheit? Wie relativ objektiv sind die beobachteten Situationen?
- *Welche primären Gründe* zu Hause, auf der Straße, mit Freunden ... scheinen die Situationen zu verstärken?
- *Welche Informationen sind* von den ErzieherInnen noch von den Eltern einzuholen, um die Situationsanalyse zu *vervollständigen?*
- *Welche Begebenheiten scheinen das Verhalten/die Situationen aufrechtzuerhalten?*

Auch hier bietet sich an, für jedes Kind ein Blatt anzulegen, um die Analyse der Situationen (siehe Seite 105) möglichst genau vorzunehmen und mit Sinnzusammenhängen zu begreifen.

Zu IV: Auswahl von Situationen

Nachdem nun die vielfältigen, unterschiedlichen Situationen aus der vorherigen Sammlung analysiert *und* evtl. durch neue, bedeutsame Situationen ergänzt wurden, heißt es für die MitarbeiterInnen, aus der Fülle der Situationen diejenigen *auszuwählen,* die für eine Planung des Projektes in Frage kommen.

Natürlich ist es schwer, aus der Menge diejenigen herauszufinden, die *offensichtlich oder vermutlich* von *hoher Bedeutung für die Kinder* sind.

Aber auch dafür gibt es Fragen, die sich in der Praxis als besonders hilfreich erwiesen haben. So z. B.:

- Welche Situationen sind für die Kinder *zur Zeit* besonders *aktuell* oder von *besonderem Interesse?*
- Welche Situationen haben einen *wirklichen, lebensbezogenen* Zusammenhang für die Kinder?
- Welche Situationen sind besonders geeignet, daß Kinder durch ein Aufgreifen *Selbständigkeit,* Selbstbewußtsein und Kompetenzen weiter aufbauen und entwickeln können?
- Welche Situationen können dazu beitragen, wenn sie aufgegriffen werden, daß Kinder *unverarbeitete* oder *belastende Erlebnisse mit der Zeit aufarbeiten* können?
- Welche Situationen erweitern den *Erfahrungshorizont* der Kinder?
- Welche Situationen können wahrscheinlich *real nacherlebt* werden (auf der emotionalen Ebene) *und* gleichzeitig dazu beitragen, daß Kinder erleben, *daß sie in gemeinsamem Handeln mit anderen Kindern (und Erwachsenen) Situationen verändern* können? (Dabei schafft gerade die Veränderbarkeit von Situationen ein Erlebnis für Kinder, den eigenen Mut und die eigene Risikofähigkeit zu bewundern und sich über die Mithilfe/Mitarbeit der anderen zu freuen.) Soziales Verhalten wird damit nicht in künstlichen „Spielsituationen“ hergestellt, sondern in der Realität erlebt. Der Begriff *Solidarität* tritt aus seinem realen Schattendasein hervor, so daß Kinder erleben und erfahren – auf der Handlungsebene –, daß Solidarität für alle Beteiligten hilfreich und nützlich ist.
- Welche Situationen lösen bei den Kindern eine *besondere Gefühlstiefe* aus (im Hinblick auf einen Kompetenzzuwachs)?
- Welche Situationen bzw. *Situationsbereiche* könnten ein möglichst großes Inhaltsspektrum umfassen, so daß *möglichst viele Kinder* angesprochen werden?

Auch bei der Auswahl von Situationen (siehe Seite 106) gilt das, was schon bei den drei ersten Schritten von Bedeutung ist: Alle Schritte des situationsorientierten Arbeitens zeigen sich nicht in der „schnellen, mündlichen Planung zwischen Tür und Angel“, sondern in einem *geplanten, reflektierten und schriftlich fixierten Arbeitsvorgehen.*

Der Aufbau des Arbeitsblattes ist dabei so konzipiert, daß die MitarbeiterInnen versuchen, für *jedes Kind* die *drei wichtigsten Themen/Schwerpunktsituationen* herauszufiltern und sich dann noch einmal *für ein Auswahlthema für jedes Kind* entscheiden. Dies sollte zunächst einmal *nicht* im Hinblick darauf geschehen, welches Auswahlthema wohl „günstig zu den anderen Auswahlthemen paßt“, sondern welches Schwerpunktthema tatsächlich das ist, mit dem sich das entsprechende Kind *zur Zeit überwiegend real auseinandersetzt.*

Zu V: Planung eines Projekts (mit Kindern!)

Nachdem die MitarbeiterInnen der Gruppe (oder sogar des ganzen Kindergartens) die Auswahlthemen gesichtet haben, beginnt ein weiterer schwieriger (aber immer lösbarer!) Schritt. Sie greifen nun die Auswahlthemen auf und suchen *gemeinsam mit Kindern* nach *einem* Thema, das für die nächste Zeit zum Projekt erhoben wird. Selbstverständlich muß dabei der Themenschwerpunkt inhaltlich nicht genau gefaßt sein, beispielsweise „Junge und Mädchen“, „Straßenverkehr“, „kleine und große Kinder“, „Krieg und Frieden“, „behinderte und nichtbehinderte Menschen“, oder „Geburt, Leben und Tod“. Es kann sich auch ergeben, daß *„grundsätzliche Themen in ihrer ganzen Vielfalt“* formuliert werden, die noch recht unspezifisch gehalten sind, wie z. B.

„Angst“: Darin sind z. B. die „Unterthemen“ Dunkelheit, Sturm, Gewitter, Alleinesein, Einbrecher, schlechte Träume, Verlaufen in der Stadt, Krieg, Versagen, Ohnmacht, vor Gefahren weglaufen usw. enthalten.

oder

„Vertrauen“: Zärtlichkeit, kuscheln, Sicherheit, Versprechen einhalten, Freundschaft, Geheimnisse, Gott, Offenheit usw.

Um eine möglichst vielfältige Sammlung von Situationen, Geschehnissen, Ereignissen zum *Projektthema* (siehe Seite 107) zu erhalten, können zunächst MitarbeiterInnen – wenn dies gewünscht ist – ihren Gedankenassoziationen *freien* Lauf lassen, um in freien Gedankenäußerungen alles zu nennen, was ihnen dabei einfällt. Dasselbe gilt natürlich auch für die Projektassoziation mit Kindern. Bei diesem „Brain-storming“ gilt immer die Regel: Alles ist richtig, bleibt zunächst unbewertet und wird aufgeschrieben, um es nicht zu vergessen, ohne Rücksicht darauf, ob es paßt, richtig ist, in seiner Umsetzbarkeit möglich oder denkbar ist.

Erst, wenn möglichst viele Begriffe zum ausgewählten Projektthema gefunden sind, wird das ganze Spektrum der Möglichkeiten deutlich, wie umfangreich offensichtlich das Thema tatsächlich ist, wie unendlich viele Chancen es offenbart, innerhalb des Projektthemas einzelne Schwerpunkte zu finden und ausgewählt zu vertiefen. Am Interesse der Kinder, an ihrer Betroffenheit und ihrem Engagement, an ihrer Interessenlosigkeit oder Furcht, an ihrer Aufgeregtheit und Motivation wird besonders deutlich, wie attraktiv oder wenig attraktiv das Projektthema letztendlich ist und wie sehr sich Kinder davon angesprochen fühlen oder eben nicht. Gleichzeitig bietet dieser Vorgang den Kindern die Möglichkeit, sich zu artikulieren und ihren Ideen freien Lauf zu lassen. Sie werden ernstgenommen und erfahren in direkter Art, daß Demokratie „Mitbestimmung“ heißt und ihre Worte, Anregungen und Wünsche tatsächlich verstanden und nach Möglichkeit aufgegriffen werden.

Es wäre natürlich in diesem Zusammenhang unredlich, würde an dieser Stelle behauptet werden, daß zwischen Kindern und ErzieherInnen eine *völlige Gleichheit im Sinne der Entscheidungskompetenz* besteht. ErzieherInnen haben selbstverständlich ihre *Professionalität* und ihre *Rolle als erwachsene Person,* die sie befähigt, Entscheidungen zu begleiten und dort, wo es nötig zu sein scheint, korrigierend/unterstützend Einfluß zu nehmen. Dies allerdings immer im Hinblick auf den Versuch, Kinder in ihren Äußerungen zu verstehen und aus der Sicht der Kinder zu begreifen, was sie mit ihrer Meinung ausdrücken möchten. So besteht die Qualität der Begriffsammlung und Auswahl darin, Kinder *ernsthaft* zu beteiligen: Nicht aus dem Verständnis einer „Methode“ heraus, sondern aus einer Haltung der Akzeptanz, daß Kinder *selbstverständlich ein Mitsprache- und Mitentscheidungsrecht besitzen.*

Um nun die Sammlung und Auswahl der Begriffe/Situationen/Wünsche und Ideen zu einem Projekt zu ordnen, werden alle ausgewählten Aktivitäten von der Brain-storming-Liste auf ein neues Arbeitsblatt übertragen, das schon deutlich die Handschrift einer *Projektplanung* (siehe Seite 108) trägt.

MitarbeiterInnen liegt mit diesem ersten Arbeitsblatt zur Planung eines Projektes eine *grobe Übersicht* vor, die sehr unterschiedliche Möglichkeiten bietet, das ausgewählte Projekt aufzugreifen und mit Kindern umzusetzen.

Da aber jedes Projekt nach den unterschiedlichen Lebensbiographien der Kinder *in dieser Gruppe,* genau *in diesem Kindergarten* aufgebaut sein wird, gilt es in einem zweiten Arbeitsschritt (siehe Seite 109), die Vorhaben innerhalb und außerhalb des Kindergartens zu ordnen und in eine bestimmte Reihenfolge zu bringen. Und dabei kann gleichzeitig notiert werden, was dafür alles an Vorbereitung notwendig sein könnte/sein wird.

Um für sich selber und den MitarbeiterInnen die notwendigen Vorbereitungen zu verdeutlichen und die Kompetenz-/Lernbereiche der Kinder aufzuschlüsseln, bietet sich das Arbeitsblatt auf Seite 110 an.

In gleicher Art können Arbeitsblätter (siehe Seite 111) für die „Lernbereiche“
- Situationen/Vorhaben zum generationsübergreifenden Begegnen,
- Aktivitäten in der Gruppe (Lieder, Werkarbeiten, Spiele ...) und
- Zusammenarbeit mit Eltern

erstellt werden, um die Planungen durchschaubar und für alle Beteiligten faßbar zu machen.

MitarbeiterInnen, die zudem den Wunsch verspüren und die Notwendigkeit erkennen, zu jedem Projekt auch *entsprechende Lernbereiche* der Kinder aufzuschlüsseln, um sich und anderen (KollegInnen und Eltern) die Beziehung zur Entwicklungspsychologie zu verdeutlichen, wird vorgeschlagen, entsprechende Lernbereiche zuzuordnen. Einerseits haben die Eltern einen Anspruch darauf zu erfahren, *was* ihre Kinder im Kindergarten „lernen“, andererseits hilft es den MitarbeiterInnen selbst, Lernbereiche zu spezifizieren und im Austausch mit KollegInnen die vielfältigen Möglichkeiten der „Förderung“ zu erkennen.
Wenn MitarbeiterInnen sich dazu entschließen, dieses vierte Arbeitsblatt ausführlich und genau auszufüllen, wird deutlich, wie vielfältig die ausgesuchten „Lernsituationen“ sind und wie qualifiziert die Vorhaben dazu beitragen, daß Kinder ihre Fertigkeiten

ausbauen und erweitern können. Das mag besonders auch in den Kindergärten von besonderer Bedeutung sein, in denen Eltern immer wieder nach dem „Lernerfolg/Lerneffekt der Arbeit“ fragen. Gleichzeitig trägt die *sachliche Transparenz* der „Lernbereiche“ dazu bei, daß die Fragen und Erwartungen zur „vorschulischen Erziehung“ immer mehr in den Hintergrund treten.

Durch dieses Öffentlich-Machen der von ErzieherInnen und Kindern geleisteten Arbeit kann auch dem Vorwurf entgegengetreten werden, daß „das Geschehen im Kindergarten unsystematisch, ohne konkrete Zielbestimmung und zufallsbestimmt wirke“ (Deutscher Bildungsrat 1970, S. 104). Solange es die MitarbeiterInnen nicht schaffen, ihre Arbeit *gerade im Situationsorientierten Ansatz* zu systematisieren, zu konkretisieren und in Projekte zielgerichtet umzusetzen, solange werden natürlich immer die „vorschulischen Aspekte“ und „vorschulischen Erwartungen von Eltern“ bestehen. Diesen Kreislauf gilt es daher mit Kompetenz zu durchbrechen. Der Begriff „Lernen“ ist nämlich für viele Erwachsene damit verbunden, daß nur dort „Lernen“ geschieht, wo sichtbare Ergebnisse von Kindern vorgelegt werden, die zusätzlich den Leistungskriterien von Erwachsenen (in etwa) entsprechen.

Kinder in Kindergärten, die nach dem situationsorientierten Ansatz arbeiten, werden nicht „Lernstoffe“ beherrschen, weil das der Schule vorbehalten bleibt. Nein, sie werden entsprechend ihrer Entwicklung in *Erlebnissen, Ereignissen und Erfahrungen lernen,* die für sie in *Vorhaben und bedeutsamen Situationen in Projekten* zum Tragen kommen. Die Auseinandersetzung mit ihnen, die Aktivitäten in den Projekten, das Begreifen neuer Situationen und das Erleben eigener Tätigkeiten in Sinnzusammenhängen bringt Kinder in ihrer Entwicklung weiter. Ein solches „Lernen“ hat für Kinder den *Ernstcharakter* des Lebens, weil sie sich den Situationen und Problemen stellen (können) und weil ihnen Lösungswege sowie Bewältigungsstrategien gezeigt werden, die für sie in der *jetzigen Situation* und im *späteren Leben* von Bedeutung sind.

Das Fehlen von sogenannten „verbindlichen Lehrplänen für den Kindergarten“ ist demnach auch kein Mangel, der zu beklagen ist, sondern eine Chance, die in allen Kindergärten individuell genutzt werden sollte und genutzt werden kann. Dabei sind die *Freiräume* eben so zu gestalten, daß das „Situationsorientierte Projekt“ eine individuelle Fördermöglichkeit für alle in der Einrichtung lebenden Kinder ist.

Fassen wir noch einmal die wesentlichen Kriterien für die *Planung eines Projekts mit Kindern* zusammen:

- Eine Planung im „Situationsorientierten Ansatz in der sozialpädagogischen Praxis „ist ebenso notwendig wie unumgänglich.
- Sie ist ein systematisches, konkretes und zielgerichtetes Vorgehen, mit Kindern Situationen und Vorhaben zu benennen, zu analysieren und schließlich umzusetzen.
- Situationsorientiertes Planen ist *niemals ein abgeschlossener Vorgang* bei einer Projektplanung, wie z. B. bei einem funktionsorientierten Wochen- und Monatsplan. Situationsorientiertes Planen ist immer wieder offen für neue Erfahrungen und Ereignisse.
- Situationsorientiertes Planen ist *immer ein einmaliger Vorgang.* Da sich die Kinder verändern, Situationen und Ereignisse nie gleich und Kinderzeiten mit immer neuen und anderen Einflüssen belegt sind, kann eine einmal vollzogene Planung zwar als Gedankenanstoß für ein ähnliches Projekt herangezogen, allerdings nie als Kopie gebraucht werden. So einmalig wie Kinder sind, so einmalig sind auch die Projekte.
- Jede Planung eines Projekts ist *mittel-/langfristig* angelegt, so daß Projekte keine „Eintagsfliegen“ sind.
- Die „Lernergebnisse“, die sich für Kinder aus der Planung und Durchführung ergeben, sind nicht schon am nächsten Tag abrufbereit, weil die Entwicklung von Kompetenzen ihre Zeit braucht. Die Zeit des Projekts berücksichtigt dabei die Zeit der Entwicklung und die notwendige Zeit für Kinder, sich zu erfahren und zu erproben.
- Die Situationsorientierte Planung verlangt daher einen anderen Tagesrhythmus als den, der in vielen Kindergärten zu beobachten ist (Bringen der Kinder, Freispielphase, feste Frühstückszeit, Beschäftigungs- und Angebotsphase, Aufräumen, kurzes Freispiel, Aufräumphase, Stuhlkreis und Essen bzw. Abholen der Kinder). Situationsorientiertes Planen zeichnet sich durch sehr fließende Übergänge im Tagesablauf der Kinder aus.

Zu VI: Gemeinsame Durchführung des Projekts

Nachdem die Planungen eines Projekts „abgeschlossen", die Vorstellungen, Wünsche, Interessen und Bedürfnisse der Kinder berücksichtigt und selbstverständlich alle Vorbereitungen soweit wie möglich gemeinsam getroffen sind (unter Berücksichtigung der Fragen: Welche zeitlichen Möglichkeiten sind gesetzt? / Welche Räume stehen zur Verfügung? / Welche Außenaktivitäten stehen fest? / Welche Materialien wurden besorgt? / Welche Kompetenzen sind aufseiten der ErzieherInnen gefordert? / Welche Bilder-/ Sachbücher sind besorgt? /Welche Inhalte bauen sich aufeinander auf? / Welche Selbständigkeit läßt jeder Projektteil zu?...), geht die Durchführung los.

Dabei werden alle Projektteile mit den Kindern möglichst so offen und flexibel gehalten, daß zumindest im Bereich des Kindergartens die Kinder ihre Schwerpunkte selber wählen können. Natürlich werden ErzieherInnen ihre Projekte dabei so weit fächern und mit unterschiedlichen Aspekten versehen, daß die Chance für möglichst alle bzw. viele Kinder besteht, dabei zu sein. Da Kinder in ihren Lernerfahrungen und Lebensbiographien sehr unterschiedlich sind, kann *jeder Projektteil* in gleichem Maße für alle Kinder attraktiv sein. Schon durch die Altersmischung müssen die Projekte unterschiedliche Aktivitäten zulassen. Die Praxis zeigt, daß besonders Kinder mit ähnlichen oder gleichen Interessen kleinere Gruppen bilden und dann ihren Vorhaben nachgehen. Es wird aber auch so sein, daß einzelne Kinder durch aktuelle, gestrige oder heutige Erlebnisse lieber etwas anderes machen möchten, sich lieber zurückhalten wollen, sich zurückziehen möchten oder mit ihrer Freundin/ihrem Freund etwas anderes spielen werden. Der „Situationsorientierte Ansatz in der sozialpädagogischen Praxis" läßt dies selbstverständlich zu, erhebt er doch den berechtigten Anspruch, ein „individueller Ansatz" zu sein.

„So ist es auch keine Störung der Arbeit, wenn manche Kinder im Laufe gezielter pädagogischer Unternehmungen ‚abspringen' oder andere dazukommen, die sich dafür zu interessieren beginnen" (Colberg-Schrader u. a., 1979, S. 38). Hier gilt es also, nicht seitens der MitarbeiterInnen den Anspruch zu erheben, daß sich „soziale Beziehungen und Lernereignisse" immer in der Gesamtgruppe abspielen. Gezwungene Soziabilität oder erzwungenes, durch Überredungen erreichtes „soziales Lernen" wird immer ein verkürzter Prozeß bleiben, weil aktuelle Lebenseinflüsse dadurch überlagert und nicht verarbeitet wurden.

Die Durchführung von „Situationsorientierten Projekten“ geschieht daher immer nach dem Grundsatz, daß *zuerst* die Möglichkeit der *Individualentwicklung* gegeben ist und *dann, in der Folge, Sozialentwicklung* möglich und für alle Beteiligten hilfreich ist.

Die Durchführung des Projekts ergibt demnach das folgende Bild:

Erfahrungen haben gezeigt, daß Projekte, von denen sich Kinder in hohem Maße angesprochen fühlen – weil sie direkt mit ihnen zu tun hatten –, häufig eine Eigendynamik entwickeln und viele neue Aspekte von Kindern selbst hineingebracht werden. Situationsorientierte Projekte werden dann zu *wirklichen Kinderprojekten,* in denen immer neue Kompetenzen aufgebaut werden.

Die Durchführung eines Projekts hängt – wie im vorigen Absatz deutlich gemacht – von der Vorbereitung ab, so daß die Durchführung selbst „nur das Ergebnis“ als Folge der Vorbereitungen darstellt. Gerade bei der direkten Einbeziehung von Außensituationen und Außenkontakten „sollten sich die ErzieherInnen mit allen Beteiligten vorher genau absprechen, sie sollten Hinweise darauf geben, was Kinder wohl interessieren wird und welche Arten von Erklärungen sie (vielleicht) nicht verstehen. ErzieherInnen sollten auch fragen, was die Kinder an einem solchen Ort *tun* können" (Anregungen III, 1976, S. 108).

Dabei spielt es keine Rolle, ob es die Teestube, die Einrichtung für alte oder behinderte Menschen, der Markt oder das Einkaufsgeschäft, der Müllplatz oder die Recycling-Anlage, das Krankenhaus oder die Arztpraxis, die Buchhandlung oder der Second-hand-Laden, die Kirche, Pfarrei oder die Begegnungsstätte, der Bauernhof oder die Polizei, der Friedhof oder die Markthalle, die Arbeitsstätte der Eltern oder das Autohaus, das Bürgermeisteramt oder der Bauhof, die Straßenmeisterei oder das Wasserwerk, das Theater oder die Bank, das Wohnheim für asylsuchende Menschen oder die Schule, die logopädische Praxis oder die Baustelle, der Busbahnhof oder der Flugplatz, die Druckerei oder die Galerie, das Museum oder der Schuhmachermeister, die Gärtnerei oder städtische Kompostieranlage ... ist.

Öffnung nach außen schafft neben neuen Erfahrungsräumen auch neue Kontakte, die vielleicht weitere Impulse zur Ausgestaltung der Arbeit und der Begegnung mit sich bringen.

VII. Auswertung des Projekts

Die Auswertung des Projekts ist nicht nur ein notwendiges „Übel" oder ein „überflüssiges Anhängsel" im Anschluß an die Projektdurchführung, sondern ein *fester Bestandteil des Gesamtprojekts selbst.* Hier werden einerseits die gemeinsam gemachten Erfahrungen reflektiert, andererseits wird der Versuch unternommen, besonders gut gelungene Projektteile daraufhin zu untersuchen, was offenbar den Erfolg der Arbeit ausmachte. Gleichzeitig kommen aber auch bei entstandener Unzufriedenheit über einen bestimmten Projektteil die Umstände zum Vorschein, die wenig oder gar nicht geeignet waren, daß sie so ins Projekt aufgenommen wurden. Dies kann / wird eine besondere Bedeutung für zukünftige Projekte haben.

Folgende *Fragen zur Reflexion und Auswertung* bieten sich an, um möglichst genau die Höhepunkte und Schwachstellen in Erfahrung zu bringen:

- Waren die ausgewählten Vorhaben und Situationen wirklich geeignet, das Interesse der Kinder zu treffen?
- Haben die ausgewählten Vorhaben und Situationen tatsächlich die aktuellen Lebensdaten der Kinder berücksichtigt?

- Welche der ausgewählten Vorhaben und Situationen stießen bei den Kindern auf lebhaftes Interesse?
- Welche der ausgewählten Vorhaben und Situationen wurden von den Kindern kaum oder gar nicht angenommen? (Welche Gründe und Hintergründe könnten dafür verantwortlich sein?)
- Welches Material bzw. welcher Umgang mit welchem Material hat den Kindern Spaß gemacht?
- Welches Material bzw. welcher Umgang mit welchem Material wurde von den Kindern wenig beachtet bzw. abgelehnt?
- Wurden die Vorhaben und Situationen so geplant, daß den Kindern genügend Zeit blieb, diese zu erleben und zu verstehen?
- Hatten die Kinder während der Vorhaben und Situationen die Möglichkeit, eigene Erfahrungen aktiv einzubringen?
- Wurden die im vierten Arbeitsblatt formulierten Lernbereiche auch tatsächlich erreicht (auf allen vier Ebenen?)?
- Waren selbstbewußtes, kompetentes und solidarisches Verhalten bei den Vorhaben und Situationen gefragt, und konnten die Kinder dieses Verhalten zeigen?
- Wurde die Situationen und Vorhaben tatsächlich vernetzt erlebt?
- Ist auf künstlich hergestellte, idealtypische Situationen und Vorhaben verzichtet worden?
- Gab es Kinder, die durch das Projekt nicht erreicht wurden? (Wie hat sich das geäußert, und wie kann es beim nächsten Projekt minimiert werden?)
- Welche Beobachtungen und Kontakte könnten bei der nächsten Auswahl von Themen sowie bei der nächsten Projektplanung noch einmal aufgegriffen und besonders berücksichtigt werden?
- Welche Beobachtungen während der Planung und Durchführung des Projekts sind von so hoher Bedeutung, daß sie mit den KollegInnen, Eltern, der Leiterin unbedingt besprochen werden müssen?
- Welche Vorhaben und Projekte haben mir als MitarbeiterIn am meisten/wenigsten Spaß gemacht, und welche Auswirkung hatte das auf das eigene Verhalten und die Beziehung zu den Kindern?
- Inwieweit kann durch Gespräche mit KollegInnen aus anderen Einrichtungen das Ziel verfolgt werden, den Erfahrungsaustausch zum „Situationsorientierten Ansatz in der sozialpädagogischen Praxis“ zu fördern und die Idee des Ansatzes weiterverbreitet werden?
- ...

Diese und ähnliche Fragen lassen noch einmal das ganze Projekt mit all seiner Arbeit lebendig werden und gestatten ein „Nachbesinnen, Verabschieden vom Projekt und Perspektivenwandel“ im Hinblick auf neue Aufgaben. Natürlich ist es auch hier am besten, wenn die Auswertung mit Kindern und Eltern, wenn möglich sogar mit den AnsprechpartnerInnen von draußen geschieht.

Da können auf einem *gemeinsamen Projektabschlußfest* die Eltern und Kinder, KollegInnen und von außen beteiligte Personen eingeladen werden, um gemeinsam zu feiern.

Da kann während eines *Elternabends/einer Elternversammlung* noch einmal der gedrehte Video-Film angeschaut und besprochen werden.

Da können mit Kindern die *gemachten Photographien* geordnet und aufgeklebt werden, um eine Bilderfolge zum Projekt zu erstellen.

Da können die während des Projekts besuchten alten Menschen noch einmal *besucht* werden, um mit ihnen einen Spaziergang im Park mit anschließendem Picknick zu machen.

Da können die Firmen *eingeladen* werden, um zu bestaunen, was aus ihren gespendeten Materialien geworden ist.

...

Der Phantasie der Kinder und MitarbeiterInnen sollte dabei keine Grenzen gesetzt werden, sind es doch wieder neue Situationen und Vorhaben, in denen Kinder ihre Handlungskompetenzen neu erleben und ausprobieren können.

Und genau damit *ist der Kindergarten zu einem Ort in der sozialpädagogischen Praxis geworden, weil er sich geöffnet hat und die Öffnung nach außen beibehält.*

Blatt zur Sammlung von Situationen, Ereignissen und Erlebnissen	
Name des Kindes:	
Datum	Bedeutsame Beobachtung bedeutsames Ereignis

Blatt zur Analyse von Situationen und ihrer Zusammenhänge

Name des Kindes: . . . .

Situation	Gründe für das Verhalten	aktuelle Aus-löser für die Situation	Gefühl beim Kind

Arbeitsblatt zur Auswahl von Situationen		
Name der Kinder	Hauptthema/ Schwerpunktsituation	Auswahlthema
. . . .	1. 2. 3.	______________
. . . .	1. 2. 3.	______________
. . . .	1. 2. 3.	______________
. . . .	1. 2. 3.	______________
. . . .	1. 2. 3.	______________
. . . .	1. 2. 3.	______________
. . . .	1. 2. 3.	______________

Brain-storming-Liste
– Sammlung von Begriffen –

Mögliches Projektthema: . . . .

Begriffe, die den anderen und mir zum Projektthema einfallen:

1. Arbeitsblatt „Planung eines Projekts“/Projektthema:			
I. Situationen/ Vorhaben außerhalb des KiGa	II. Situationen/ Vorhaben zum generations-übergreifenden Begegnen	III. Aktivitäten in der Gruppe (Spiele, Werk-arbeiten, Lieder ...)	IV. Elternarbeit
a)	a)	a)	a)
b)	b)	b)	b)
c)	c)	c)	c)
d)	d)	d)	d)
e)	e)	e)	e)
f)	f)	f)	f)
g)	g)	g)	g)
h)	h)	h)	h)
i)	i)	i)	i)
j)	j)	j)	j)

2. Arbeitsblatt „Planung eines Projekts"/Projektthema:			
Vorläufige Planung des zeitlichen Vorgehens			
I. Situationen/ Vorhaben außerhalb des KiGa	II. Situationen/ Vorhaben zum generations- übergreifenden Begegnen	III. Aktivitäten in der Gruppe (Spiele, Werk- arbeiten, Lieder ...)	IV. Elternarbeit
1.	1.	1.	1.
2.	2.	2.	2.
3.	3.	3.	3.
4.	4.	4.	4.
5.	5.	5.	5.
6.	6.	6.	6.
7.	7.	7.	7.
8.	8.	8.	8.
9.	9.	9.	9.

3. Arbeitsblatt „Planung eines Projekts"/Projektthema:		
Notwendige Vorbereitungen zum Bereich „Situationen und Vorhaben außerhalb des Kindergartens"		
I. Situation/Vorhaben außerhalb des Kindergartens	II. *Wer* muß dafür *was* bis *wann machen?*	III. Für das Vorhaben einzuplanende Zeit (= Tage)
1.		
2.		
3.		
4.		
5.		
6.		
7.		
8.		
9.		

4. Arbeitsblatt zum Projektthema: ....

Lernbereiche in der Situation / dem Vorhaben ....

....

spezifische Einzel-situation:	Was lernen die Kinder im			
	emotionalen Bereich?	sozialen Bereich?	motorischen Bereich?	kognitiven Bereich?
1.	a) b) c) d)	a) b) c) d)	a) b) c) d)	a) b) c) d)
2.	a) b) c) d)	a) b) c) d)	a) b) c) d)	a) b) c) d)
3.	a) b) c) d)	a) b) c) d)	a) b) c) d)	a) b) c) d)
......	...	...	...	...

8. Mißverständnisse und Vorurteile zum „Situationsorientierten Ansatz in der sozialpädagogischen Praxis"

Wie ein Blick in die Praxis der Kindergärten zeigt, gibt es genügend Hinweise dafür, daß der „Situationsorientierte Ansatz in der sozialpädagogischen Praxis" mit Mißverständnissen und Vorurteilen belegt ist. Diese tragen dazu bei, daß sich der Ansatz nur ungenügend oder auf der Grundlage eines falschen Verständnisses verbreitet, abgelehnt oder vorverurteilt wird. Daher soll es im folgenden Kapitel darum gehen, einige der wesentlichen Mißverständnisse und Vorurteile aufzugreifen und durch Informationen zu versachlichen.

Vorurteil 1: „Der ‚Situationsorientierte Ansatz' stellt eine Arbeitsweise dar, bei der keine Planung notwendig ist."

Vielfach scheint davon ausgegangen zu werden, daß es für den Begriff „Planung" nur eine Auslegung gibt, nämlich die:

a) Planung heißt, die Tage nach unterschiedlichen Schwerpunkten aufzuteilen, wie z. B., daß am Montag der „Sporttag/Turntag", Dienstag der „Spiel(zeug)tag", Mittwoch der Tag für die „Musikalische Früherziehung", Donnerstag der „Tag für Religionspädagogik" und Freitag der „Einzelfördertag" ist.

b) Planung heißt, daß jeder Tag genau vom Tagesablauf her vorbestimmt ist: Dem Freispiel folgt das Frühstück, ihm folgt die angeleitete Beschäftigung, der Stuhlkreis, danach kommt wieder eine Freispielphase, dann das Aufräumen und zum Schluß folgt der Abschlußkreis.

Planung in diesem Sinn gibt es beim „Situationsorientierten Arbeiten" selbstverständlich nicht, berücksichtigt eine solche Planung doch weder den „ganzheitlichen Entwicklungsvorgang bei Kindern" noch die Realität einer Sinnverbundenheit von Pädagogik.

Planung im „Situationsorientierten Ansatz" geschieht *anders* als im funktionsorientierten Sinn. Sie hält sich nicht an die Tageszeiten, die von Erwachsenen mit bestimmten Angeboten ausgefüllt sind, in denen Kinder das machen *dürfen,* was erlaubt ist. Vielmehr leiten ErzieherInnen aus Beobachtungen, Gesprächen, Rollenspielen, Erzählungen und Kinderzeichnungen Situationen ab, die für Kinder offensichtlich von Bedeutung sind, führen diese zu einer Situationsanalyse, bestimmen Handlungsqualitäten, die Kinder zur Bewältigung der Situationen brauchen und planen mit Kindern ein Projekt, das zusätzlich nach Durchführung sehr spezifisch nachbereitet wird. Die „offene Planung“ läßt Kindern und ErzieherInnen dabei genügend Raum, neue Ideen mitaufzugreifen oder Projektteile wegen ihrer Bedeutung und möglichen Aktualität auszuweiten, *ohne den „roten Faden“* zu verlieren. Gerade die „offene Planung“ und die von Kindern erlebte Handlungsaktivität bei allen Vorhaben hindern Kinder daran, in eine typische *Konsumentenhaltung* zu fallen nach dem Motto: „Ich muß nur lange genug warten, dann kommt eine erwachsene Person zu mir und macht mir entsprechende Vorschläge, was ich tun könnte/soll.“ Da viele Gelegenheiten und Bedingungen des Lebens dazu verleiten, in die Rolle des Konsumenten zu fallen, ist projektorientiertes Arbeiten dazu geeignet, dieser Haltung auf beiden Seiten entgegenzuwirken.

Vorurteil 2: „Der ‚Situationsorientierte Ansatz‘ überfordert die Kinder.“

Sicherlich ist es bei diesem Ansatz so, daß Kinder von Anfang an an den meisten Planungsschritten beteiligt werden und mitbestimmen, wie das Projekt zur Ausführung kommt. Kinder, die mit ihren Ideen und Vorschlägen ernstgenommen werden, erleben dabei ein Maß an Mitbestimmung, das sie motiviert, neue Gedanken und Handlungen zu unternehmen, weil sie *mitverantwortlich* sein können. Oftmals ist es die Vorstellung von Erwachsenen, die glauben, daß Kinder überfordert sein würden. Dazu zwei Beispiele:

1. Während einer mittelfristigen Fortbildungsveranstaltung kamen TeilnehmerInnen und DozentInnen auf das Arbeitsvorhaben, in den Kindergärten selbst mehr *technische Geräte* und *echtes Werkzeug* gegen das Pseudowerkzeug aus Plastik u. a. einzutauschen. Auf seiten der ErzieherInnen gab es darüber sehr große Unsicherheiten, Ob „das denn gutgehe“, ob die „Unfallgefahr nicht zu groß sei“ und „ob man das denn

verantwortden könne". Trotz aller Bedenken entschlossen sich eine Reihe von ErzieherInnen dazu, nach der Fortbildungseinheit „echtes Werkzeug und technische Geräte" im Kindergarten einzuführen. Ja, einige waren sogar so mutig, Werkbänke anzuschaffen. Bei der Folgeveranstaltung der Fortbildung – nach sechs Monaten – wurden erste Ergebnisse ausgetauscht, und gleiches wurde nach weiteren sechs Monaten getan mit dem Ergebnis, daß es zu *keiner Unfallhäufung gekommen war* und Kinder weitaus sorgsamer – bei klaren Absprachen allerdings – mit den Materialien umgegangen sind als vorher angenommen.
2. In Schleswig-Holstein wurde ein regional-begrenzter Versuch in Kindergärten unternommen, in entsprechenden Einrichtungen nicht nur das freie Frühstück, sondern auch ein *morgendliches Büffet einzurichten.* Die Bedenken auf seiten der ErzieherInnen waren teilweise groß: „Die Kinder finden kein Maß – sie nehmen nur von dem, was sie mögen – sie stapeln sich die Teller voll und lassen die Hälfte auf den Tellern liegen ..." Die Auswertung des Versuchs zeigte genau das Gegenteil: Kinder ließen sich – im Gegensatz zum festen Frühstück – mehr Zeit, gingen öfter ans Büffet, als sich nur einmal Massen auf den Teller aufzuhäufen, schmeckten von unterschiedlichen Speisen und genossen diese Art des Frühstücks sehr.

Beide Beispiele zeigen – wie viele andere Beispiele es auch tun würden –, daß vermutete Befürchtungen nicht eintreten und Kinder durchaus *nicht überfordert* sind. In diesem Zusammenhang muß aber auch klar darauf hingewiesen werden, daß für das Gelingen gemeinsam eingeführter Veränderungen vor allem die *gelebte Atmosphäre* in dem Kindergarten verantwortlich ist. Von MitarbeiterInnen einfach angesetzte Umstrukturierungen, von heute auf morgen realisiert, werden bei entsprechender unguter, wenig kindzentrierter Atmosphäre nicht klappen. Darin könnte dann wieder der Beweis für die MitarbeiterInnen liegen, triumphierend zu sagen: „Siehste, ich wußte ja gleich, daß das nicht klappt!" Wer darauf aus ist, Unmöglichkeiten in entsprechender Erwartung zu erleben, wird sie auch erfahren.

Zum Vorurteil der Überforderung von Kindern kann außerdem noch hinzugefügt werden, daß es beim „Situationsorientierten Ansatz" auch um *„Differenzierungsvorhaben* geht. Das bedeutet, daß je nach Projekt *unterschiedliche* Vorhaben geplant sind: unterschiedlich in ihren Anforderungen und unterschiedlich in ihrem Themenspektrum. So können sich Kinder unterschiedlich entscheiden, was sie tun möchten.

Vorurteil 3: „Der ‚Situationsorientierte Ansatz‘ läßt bei Kindern alles zu und ist daher im Prinzip ein anti-autoritärer Laissez-faire Stil.“

Dieses in der Praxis häufig geäußerte Mißverständnis ist sicherlich teilweise berechtigt, gibt es doch zwei Merkmale, die ins Auge fallen. Einerseits wird der „Situationsorientierte Ansatz“ nicht selten aufgrund von Unkenntnis so „angewandt“, daß der Eindruck entstehen kann, „dies sei der Situationsorientierte Ansatz“, andererseits sind viele Merkmale im Situationsorientierten Ansatz einer kindorientierten Pädagogik entnommen, die dem üblichen Arbeitsvorgehen und üblichen Haltungen widerspricht:

- So werden Kinder ernstgenommen und beteiligt;
- so werden von ErzieherInnen mehr und andere Risikobereitschaften eingegangen;
- so werden übliche Tagesabläufe bewußt in Frage gestellt und Alternativen gesucht;
- so werden keine „fertigen Produkte, die immer akkurat vorzeigbar“ sind, erstellt, sondern der Individualität der Kinder wird ein größerer Freiraum zugestanden;
- so haben ErzieherInnen eine andere Rolle als die der „Beschützer“ und „Anleiter“, nämlich die der „mitlernenden Menschen und BegleiterInnen von Kindern“.

Es ist leider eine allzu menschliche Tendenz, Ungewohntes und bisher noch nicht erfahrene Situationen vorschnell zu bewerten, weil sie den eigenen Alltagstheorien nicht entsprechen und die eigene Arbeit in Frage stellen.

Vorurteil 4: „In Kindergärten, in denen nach dem ‚Situationsorientierten Ansatz‘ gearbeitet wird, wird nichts mehr gelernt.“

Vieles, was bisher in elementarpädagogischen Einrichtungen unter „Lernen“ verstanden wurde/wird, bezieht sich auf eine Förderung z. B. „der Sprache“, „der Feinmotorik“, der „Differenzierung und Beherrschung von Zahlen, Farben und Formen“ oder „der sozialen Verhaltensbereiche“. Dies alles wird natürlich auch im „Situationsorientierten Ansatz“ von Kindern „gelernt“, nur geschieht das eben nicht in isolierten „Lernsituationen“, in denen dafür spezielle Übungsstunden angesetzt waren/sind, sondern im Vorgang des Planens, Entwickelns und Durchführens des Projekts. Die Erfahrung zeigt sehr deutlich, daß Kinder, die das Glück hatten, einen „Kindergarten mit Situationsorientiertem Ansatz“ zu besuchen, weitaus handlungskompetenter (= motorischer Bereich), sozialer, sprachlich besser entwickelter (= kognitiver Bereich) und mutiger, belastbarer (= emotionaler Bereich) und aktiver waren. Das hat natürlich einen sehr einfachen Grund: Die Kinder waren höher motiviert, selbstbestimmter zu handeln, sie waren mehr damit beschäftigt, Dinge auszuprobieren, sie hatten ein größeres Interesse, über ihre Erlebnisse und Eindrücke zu berichten, sie fanden die Zeit, ihren eigenen Zeitrhythmus in der Vielfalt unterschiedlicher Außenerwartungen zu erfahren.

Vorurteil 5: „Die Kinder in einem situationsorientiert arbeitenden Kindergarten leben nur nach Lust und Laune und tun nur das, wozu sie Lust verspüren.“

Offensichtlich ist mit diesem Vorurteil der Umstand gemeint, daß es bei vielen Aktivitäten, Situationen und Teilprojekten den Kindern freigestellt ist, alleine, in einer Teilgruppe oder in der ganzen Gruppe etwas zu unternehmen. Unberücksichtigt bleiben bei dem Vorurteil allerdings kindheitsbiographische Daten: die immer spürbarer zunehmende Zerteilung der Zeit, die zunehmende Eingrenzung des Bewegungsraumes und die Zunahme der Erwartungen, die sich wie eine zweite Haut über Kinder stülpt. Der „Situationsorientierte Ansatz“ will bewußt diesen Kindheitsdaten Rechnung tragen und Kinder dazu veranlassen, ihre individuelle Entwicklung in den Bereichen aufzuarbeiten und zu erweitern, wo dies offensichtlich nötig ist. So wird sich ein Kind *nie ohne Grund* aus der Gruppe zurückziehen und weinen. Es wird sich *nie ohne Grund* in die Puppenecke begeben und ein bestimmtes Rollenspiel durchführen. Es wird *nie ohne Grund* nicht mit einem bestimmten anderen Kind zusammensitzen wollen, und es wird *nie ohne Grund* ein besonderes Interesse beim Malen bestimmter Dinge zeigen. Der „Situationsorientierte Ansatz“ wendet sich damit bewußt *gegen eine vorgezogene Verschulung* und *gegen eine Verplanung von Zeiten;* er wendet sich *gegen überflüssige Regelungen* (nicht gegen bestehende Gruppenbeschlüsse!) und *gegen eine Vernetzung von erzwungenem Lernen.* Es wäre daher von besonderem Vorteil, sich in Kindergärten vermehrt der Frage zuzuwenden, was Kinder im Kindergarten dazu führt, lustlos, inaktiv, aggressiv oder resignativ, voller Hektik und Unruhe oder voller Traurigkeit zu sein. Ergebnisse aus der Lernpsychologie weisen deutlich darauf hin, daß Kinder, die mit ihrer Gefühlswelt stimmig sind, sich noch intensiver mit anderen Kindern beschäftigen, ihr Denken entwickeln und ihre Aktivitäten steuern, als wenn sie daran gehindert werden, eigenen Impulsen nachgehen zu können. Lernerfahrungen, die Kinder in ihrem Leben in Beziehung setzen können mit Situationen, die sie erfahren haben, führen zur Entlastung aufgestauter Gefühle. Aufarbeiten, statt verdrängen, und erleben können, statt unterdrücken, ist eine wesentliche Voraussetzung dafür, das eigene Leben und das von anderen Menschen besser zu verstehen und bewußter gestalten zu können.

Vorurteil 6: „Das Arbeiten nach dem ‚Situationsorientierten Ansatz in der sozialpädagogischen Praxis‘ ist aufgrund der Arbeitsfülle nicht zu schaffen.“

Ein Blick in viele Kindergärten, die nach dem „funktionsorientierten Ansatz“ arbeiten, zeigt mehr als deutlich, daß eine sehr große Menge an Zeit dafür gebraucht wird, daß ErzieherInnen Bastel- und Gestaltungsaktivitäten vorbereiten, mit der Regelung von Konflikten der Kinder untereinander und mit dem Organisieren von Materialien beschäftigt sind. Würde diese Zeit einmal dafür genutzt werden, dies gemeinsam mit Kindern und KollegInnen zu erledigen, wäre nicht automatisch mehr Zeit erforderlich, sondern genutzte Zeiten *würden für andere Tätigkeiten und Situationen und auf eine andere Art und Weise* aufgegriffen werden. Insoweit ist die Tatsache nicht von der Hand zu weisen, daß es an erster Stelle

- von einer Umstrukturierung bisher üblicher Handlungsvorgänge,
- von einer anderen Zeitnutzung,
- von einem anderen Verständnis von Kindergartenpädagogik und
- von einem anderen Rollenverständnis der ErzieherInnen

abhängig ist, inwieweit der „Situationsorientierte Ansatz in der sozialpädagogischen Praxis" umsetzbar ist. Daß zusätzlich noch andere Faktoren – wie räumliche Ausstattung, Raumgestaltung, Anzahl der MitarbeiterInnen – eine gewisse Rolle spielen, ist selbstverständlich. Nur hängen die *Vorstellungen und Wünsche*, nach diesem Ansatz zu arbeiten, *primär* von den ernsthaften Interessen der ErzieherInnen ab, sich den vier oben genannten Bedingungen bewußt zu öffnen.

Eine Erhebung des Autors zur Situation der Arbeitsgestaltung in Kindergärten ergab u. a. folgendes Bild:
- auch dort, wo günstige Arbeitsbedingungen vorhanden waren, wurden häufig *nicht die Möglichkeiten genutzt*, andere Arbeitsschwerpunkte in den Kindergartenalltag zu integrieren.
- Vielmehr wurden immer wieder eine Reihe von neuen Gründen genannt, warum dieses oder jenes sehr schwer umzusetzen sei.
- Bei intensiverem Nachfragen und dem Anbieten von praktischen Veränderungsvorschlägen wurde dann häufig aus dem „ist nicht möglich" ein „ist schwer umzusetzen" und schließlich ein „man könnte es vielleicht tatsächlich versuchen".

Sicherlich ist es schwer, eingefahrene und eingespielte Arbeitsabläufe zu verändern, weil die Möglichkeit besteht, daß zunächst Unruhe und Unsicherheiten entstehen. Doch wenn von Kindern immer wieder verlangt wird, „flexibel auf neue Situationen zu reagieren" und der „Phantasie einen größeren Raum zu schenken", dann würde die Glaubwürdigkeit dieser Aussagen noch mehr steigen, würden MitarbeiterInnen diese Ziele zunächst auf sich selber übertragen.

9. Voraussetzungen zum „Situationsorientierten Arbeiten in der sozialpädagogischen Praxis“

Nach den bisherigen Ausführungen zum „Situationsorientierten Arbeiten“ wurde sicherlich deutlich, daß die Absicht alleine, diesen Ansatz zu realisieren, nicht ausreichen wird, ihn auch tatsächlich umzusetzen.

Sicherlich ist der *Wunsch und der feste Wille eine Grundvoraussetzung dafür, daß* der „Situationsorientierte Ansatz“ zunächst einmal überhaupt den Platz zur Auseinandersetzung findet, den er braucht, um näher betrachtet und möglicherweise aufgegriffen zu werden.

Ähnlich wie das vernetzte Denken im Ansatz selbst, so ist auch das Arbeiten selbst nur in verbundenen Sinnzusammenhängen zu realisieren. Der „Situationsorientierte Ansatz in der sozialpädagogischen Praxis“ umfaßt daher folgende Arbeitsbereiche, die zwar selbstverständlich nacheinander, aber im Endeffekt *vollständig* in einer Arbeitsqualität auszufüllen sind, wie es notwendig ist.

Folgende Arbeitsbereiche sind vom Ansatz betroffen:

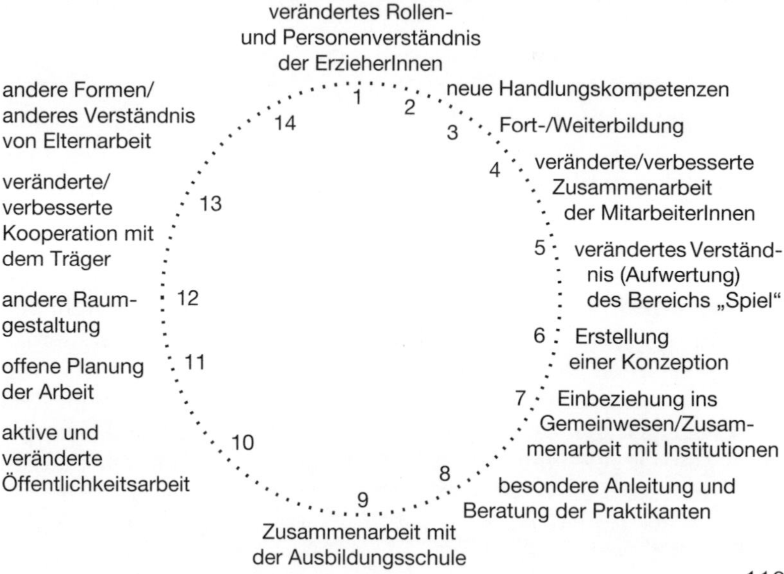

Zu 1: Verändertes Rollen- und Personverständnis der ErzieherInnen

Dreh- und Angelpunkt jedweder Veränderungen bzw. Festigungen von Arbeitsabläufen oder Gestaltungsmöglichkeiten im Kindergarten sind ErzieherInnen selbst. Alte und neue Erfahrungen prägen ihre Gedanken, und diese wiederum wirken sich direkt auf die Handlungen aus, die den Kindergarten in besonderer Weise zu dem werden lassen, wie und was er ist. Aus vielen Beobachtungen und Gesprächen mit ErzieherInnen, die in Kindergärten den „Situationsorientierten Ansatz in der sozialpädagogischen Praxis" Wirklichkeit werden ließen, fallen vor allem folgende veränderte rollen- und personbezogene Merkmale auf: ErzieherInnen zeigen ein *eigenes, individuell-ausgeprägtes Rollenverständnis* von sich selber, das weniger den „AnbieterInnen und MacherInnen von Beschäftigungsaktivitäten" ähnelt, als vielmehr den *BegleiterInnen von Kindern* in einer *prozeßorientierten Arbeit.* So haben sie *klare, benennbare* Vorstellungen von den übergeordneten Zielen ihrer Arbeit und gestalten ihre Tätigkeit daher auch sehr deutlich im Interesse von Kindern. Sie lassen den Kindern weitaus mehr Platz für eigene Aktivitäten und halten sich deutlich an den Punkten zurück, wo sie früher viel schneller dabeigewesen wären, SchiedsrichterInnen für (!) Kinder zu sein anstatt mit (!) ihnen Möglichkeiten zu überlegen, wie Konflikte besser gelöst werden können. ErzieherInnen lassen sich dabei nicht von der verlockenden „Allmacht" leiten, daß sie schon am besten wüßten, was für (!) Kinder gut ist. Vielmehr gehen sie mit (!) Kindern auf die Suche, welche Situationen und Projekte von besonderer Aktualität und Bedeutung sein könnten, um mit (!) Kindern in Erfahrung zu bringen, was für sie hilfreich und notwendig ist.

Am besten kann dieses neue Arbeitsverständnis mit einem Bildvergleich verdeutlicht werden. Haben sich ErzieherInnen früher wie BeleuchterInnen auf einer Bühne verstanden, die das Licht genau auf den Punkt konzentrierten, auf den sich die DarstellerInnen aufzuhalten und ihre Stücke aufzuführen hatten, so gleicht ihr Rollenverständnis jetzt eher einer Person, die gemeinsam mit den SchauspielerInnen die Beleuchtungsquelle sucht. Sie strahlen gemeinsam verschiedene Ecken und Flächen der Bühne an, um gemeinsam festzulegen, wo das „Theaterstückschreiben und Durchführen" stattfinden kann, welcher Text paßt und wo auch die

Bühne (= Kindergarten) zu eng wird, so daß sie verlassen werden kann (= Verlegung der Aktivitäten nach draußen). ErzieherInnen sind dann in den gemeinsamen Erlebnissen, die sie *und* die Kinder haben, immer gleichzeitig Akteure, Betroffene und Beteiligte. Dadurch nutzen sowohl Kinder als auch ErzieherInnen die Chance, sich als *Personen* zu erfahren, die weniger ihr Verhalten darauf ausrichten, sich immer und ständig „berufsspezifisch kontrolliert“ zu verhalten, als vielmehr Menschlichkeit zu zeigen, die nötiger denn je von Kindern gesucht wird. Die Rollenverteilung von „ProgrammanwenderInnen“ und „Ausführenden“ erfährt dadurch ihre Aufhebung zugunsten einem Rollenverteilen von „gegenseitigem Nehmen und Geben, miteinander erlebten Lernprozessen und einem Verständnis füreinander“, das ein tiefes Maß an gegenseitigem Verstehen fördert. Nun könnte das Vorurteil aufkommen, daß dadurch die Rolle von ErzieherInnen abgewertet oder mißachtet wird. Dem ist nicht so, geschieht doch gerade das Gegenteil. ErzieherInnen werden erfahren, daß durch ihre Begleitung von Kindern und ihren Entwicklungsprozessen sie selber von Kindern als ImpulsgeberInnen und hilfegebende Erwachsene empfunden werden, die Kindern auf einer Ebene begegnen, die der ihrer Kindheit entspricht. Professionalisierung vollzieht sich dann nicht durch das Lernen von oben nach unten, durch angelernte Techniken oder trainierte Methoden, sondern durch eine *gelebte Identität,* die begründet und begründbar den anderen MitarbeiterInnen und den Eltern vorgestellt wird. ErzieherInnen verabschieden sich damit auch immer mehr von der Rolle einer „an der Entwicklung ziehenden Person“, so daß immer stärker von einer wirklichen „Entwicklungsbegleiterin“ gesprochen werden kann. Und auch das ist keine bloße Wortspielerei, sondern die Konsequenz einer *veränderten Haltung* im Sinne einer humanistischen Pädagogik. Der Sinn und die Funktion des Kindergartens bekommen dadurch einen anderen, *eigenen Stellenwert,* so daß auch der *eigenständige Erziehungs- und Bildungsauftrag* immer mehr qualifiziert wird, und ErzieherInnen mit viel *Selbst-, Sach- und Sozialkompetenz argumentativ und handelnd* im Kindergarten und außerhalb der Einrichtung wirksam und wahrnehmungsoffen tätig sind. ErzieherInnen werden aufgrund ihres veränderten Rollenverständnisses auch „im Rahmen einer Politik für Kinder einen wichtigen Beitrag leisten. Sie sind es, die neben den Eltern die Kinder und ihre Lebenssituationen am besten kennen und von daher Bedingungen anmahnen müssen, die Kinder für eine gedeihliche Entwicklung brauchen. Es bedarf ihrer kritischen Wachsamkeit, ihrer Einschätzung und Beurteilung von Entwicklungen und der Fähigkeit, den fruchtbaren Moment für eigenes Handeln im Umgang mit Kindern im pädagogischen Innenbereich – also im Kindergarten – wie im Außenbereich – also im Umgang mit Vertretern des sozialen Umfeldes wie Eltern, Träger und Politikern – zu erkennen“ (Prof. Dr. Rita Süssmuth, 1988/89).

Zu 2: Neue Handlungskompetenzen

Ein verändertes Rollen- und Personverständnis von ErzieherInnen verlangt auf der einen Seite, sich mutig in unbekannte Bereiche hineinzuwagen, auf der anderen Seite ist es schon erforderlich, der bisherigen *Risikobereitschaft für Veränderungen* ein größeres Feld einzuräumen. Neugierde und Motivation, sich auf Wege zu begeben, die bisherigen, vielleicht jahrelangen Muster aufzuspüren und sich davon zu lösen, sind dabei Impulse, die eine *ständige, aktive* und *suchende* Haltung provozieren. Und das natürlich nicht nur bezogen auf die Kinder und ihre Entwicklungsschritte, sondern auch bezogen auf die eigene Person, die Eltern, die Entwicklung des Kindergartens, die unmittelbare und mittelbare Umwelt sowie die Kommunalpolitik vor Ort. Damit ErzieherInnen sich selber, Kindern, Eltern, Politikern und KollegInnen gegenüber *identisch* sind, d. h. vom Wert ihrer Arbeit überzeugt und von den Zielen des „Situationsorientierten Ansatzes in der sozialpädagogischen Praxis“ handlungsgeleitet tätig werden (können), bedarf es einer *unverwechselbaren Klarheit* in Auseinandersetzungen und Diskussionen, einer *Offenheit für alles Neue,* einer *Eindeutigkeit der Aussagen zur Kindergartenarbeit,* zu den neuen Zielen und dem neuen Tätigkeitsverständnis, einer *Zuverlässigkeit in gelebten Worten, einer großen Klarheit in Entscheidungen, einer ständigen Reflexion* des eigenen Verhaltens und des Verhaltens der MitarbeiterInnen, einer *großen Fachlichkeit in elementarpädagogischen Fragen,* einer *aktiven Veränderung von Unzulänglichkeiten* und einer *Motivation,* selber den Wunsch zu spüren, dies zu tun.

Schauen wir uns alle diese Begriffe an, die die neuen Handlungskompetenzen ausmachen, dann sind es *eigentlich keine neuen Forderungen,* wenn sie in Verbindung mit den Zielen gesetzt werden, die früher schon für Kinder formuliert wurden: Selbstbestimmung, Phantasie, Kreativität, Handlungsbereitschaft, Mut, soziales Verhalten oder Autonomie. Was also hier zum Ausdruck kommt, ist die Forderung, daß die schon für Kinder formulierten „methodischen Ziele" einfach für ErzieherInnen umformuliert werden, war es doch schon immer weitaus einfacher, Ziele für andere und nicht für sich selber aufzustellen. Und nehmen wir zudem die „üblichen, für ErzieherInnen formulierten Ziele" zur Hand, wie z. B. „warten können, sensibel für andere sein, Einfühlungsvermögen zeigen, Kritik annehmen und ertragen können, sich mit eigenen Bedürfnissen zurückstellen ...", dann sind es eher sogenannte „typische Frauenverhaltensweisen", die auf „Erduldung, Aushalten und Bejahen" ausgerichtet sind. Sicherlich ist hierin auch *ein* Grund zu sehen, daß die Elementarpädagogik *nie wirklich geschätzt wurde,* weil die zuletzt genannten Verhaltensweisen „frau ja doch sowieso in sich trägt". Demgegenüber befähigen die neuen Handlungskompetenzen MitarbeiterInnen dazu,

- hinderliche Hierarchien zu hinterfragen und abzubauen,
- arbeitsorganisatorische Abläufe zu durchdenken und im Interesse von Kindern zu verändern,
- eigene Kompetenzen nicht zu verbergen, sondern zu leben und nach außen zu tragen,
- unbearbeitete, lange Zeit verdrängte Konflikte (auf den unterschiedlichen Ebenen) aufzugreifen, anzusprechen und konstruktiv zu lösen versuchen,
- ihre „pädagogische Autorität" nicht durch ihr Rollenverhalten zu demonstrieren, sondern sie im Sinne einer *neuen, identischen Professionalität auf allen Ebenen* zu zeigen.

Vor allem werden die neuen Erfahrungen dazu motivieren, sich durch *sich selber* in der Arbeit wie auch im privaten Bereich zu verwirklichen.

Zu 3: Fort- und Weiterbildung

Bisher sieht es in vielen MitarbeiterInnenteams so aus, daß auf der einen Seite Fortbildungsveranstaltungen immer noch recht zögerlich und vereinzelt besucht werden, andererseits den eher methodenorientierten Seminaren der Vorzug vor „längerfristigen, persönlichkeitsbildenden Veranstaltungen" gegeben wird. So zeigt sich ein Bild im Bereich der Fort- und Weiterbildung, das sicherlich nicht förderlich für den Erwerb und Ausbau *neuer Handlungskompetenzen* ist. Fort- und Weiterbildung muß dringender denn je zu einem *festen Bestandteil der Berufstätigkeit* werden, bei dem eine angemessene Freistellung durch den Träger und eine angemessene Kostenbeteiligung gesichert ist. Als eine besonders effektive Form der Fortbildung hat sich dabei auch die *„Fortbildung vor Ort/im Kindergarten selbst"* herausgestellt, an der *alle MitarbeiterInnen* der Einrichtung teilnehmen können und der Kindergarten – vielleicht bis auf eine „Notgruppe" für die Kinder, die auch bei Ausschöpfung aller Möglichkeiten der Eltern nicht anderweitig untergebracht werden können – in dieser Zeit geschlossen bleibt. Wenn alle MitarbeiterInnen einer Einrichtung die Chancen nutzen, gemeinsam an einem Thema zu arbeiten, ist der Übertrag auf die Kindergartenarbeit besonders gut möglich, zumal *alle* auf dem gleichen Stand der Erkenntnisse aufbauen können. Der gemeinsame Vollzug, Arbeitselemente und Themen im Team zu entwikkeln und in allen ihren Schattierungen zu beleuchten, läßt MitarbeiterInnen weiter zusammenwachsen und eine Atmosphäre herstellen, die Kinder in ihrem täglichen Aufenthalt im Kindergarten und während der Projekte deutlich spüren. Insbesondere wird die Weiterbildung *„Supervision"* eine immer größere Bedeutung spielen, weil sie zu Recht als eine der effektivsten Bildungsmaßnahmen bezeichnet werden kann. Sie unterscheidet sich von anderen Veranstaltungsreihen dadurch, daß inhaltliche *und* beziehungsorientierte Fragen diskutiert, blinde Flecken in der Kommunikationsstruktur aufgedeckt und Lösungen für anstehende Problembereiche *gemeinsam gefunden und festgelegt* werden, so daß weitreichende Entscheidungen von allen mitgetragen und nachvollzogen werden können.

Zu 4: Veränderte/verbesserte Zusammenarbeit der MitarbeiterInnen

Der „Situationsorientierte Ansatz in der sozialpädagogischen Praxis" lebt entscheidend davon, wie *kooperativ, solidarisch, offen und klar, direkt und intensiv* die Kooperation der MitarbeiterInnen untereinander klappt. Hier werden Gespräche *miteinander* und nicht übereinander geführt, Konflikte nicht verdrängt, sondern angesprochen, Gefühle wie Neid oder Mißgunst konstruktiv in Kooperation und Offenheit umgearbeitet, Lösungen für anstehende Probleme und Aufgaben nicht abgedrängt und weitergeschoben, sondern aufgegriffen und bewußt angenommen, Verantwortung nicht verdeckt delegiert, sondern für alle nachvollziehbar gemeinsam verteilt. Teambesprechungen finden regelmäßig und häufiger statt, weil auch Projekte gruppenübergreifend realisiert werden und ein „Sich-auf-den-anderen-Verlassen-Können“ zur Praxis wird/werden muß. Erfahrungen aus situationsorientiert arbeitenden Kindergärten belegen dabei immer wieder, wie sich eine *wirkliche Teamarbeit* auch positiv auf den Umgang der Kinder miteinander auswirkt: Kinder werden ruhiger, reagieren ausgeglichener, zeigen mehr Ausdauer bei Belastungen und fühlen sich wohler. Die Teamarbeit der MitarbeiterInnen wirkt wie ein Modell auf Kinder und Eltern, das nicht zuletzt auch die eigene Arbeitszufriedenheit stärkt.

Zu 5: Verändertes Verständnis (Aufwertung) des Bereichs „Spiel“

Die in ihrer Menge kaum noch in Zahlen zu fassenden Untersuchungen über „Bedeutung und Auswirkungen des Spiels auf die Entwicklung von Kindern“ macht eines deutlich: Spielen und Lernen sind so eng miteinander verknüpft, daß eine Trennung der beiden Begriffe einfach nicht möglich ist. Kinder lernen in den von ihnen selbstgewählten Spielhandlungen *alle Fähigkeiten,* die sie brauchen, um in ihrer Gegenwart Probleme zu verarbeiten und Handlungsstrategien zu entwickeln, die sie in ihrer Selbständigkeit unterstützen.

Demgegenüber steht allerdings immer noch eine gewisse Geringschätzung des Spiels nach dem Motto: „Gespielt wird ja viel, aber wann wird auch etwas Richtiges gelernt?“ Offensichtlich hat es die Elementarpädagogik – im Gegensatz zur Spielforschung – bis heute nicht oder nur teilweise geschafft, die Bedeutung des Spiels für die Entwicklung von Kindern klar, deutlich und unmißverständlich herauszustellen. Statt dessen werden von ErzieherInnen in vielen Kindergärten Kompromisse eingegangen, wodurch natürlich das Spiel entgegen der Forschungsergebnisse wiederum abgewertet wird. Wenn MitarbeiterInnen das Spielen in seiner ganzen Breite (also unter realer Berücksichtigung *aller Spielformen*), in seiner ganzen Tiefe (also unter Ausschöpfung *aller Intensität*) und in seiner ganzen Länge (also unter *Ausschöpfung von Zeit*) wertschätzen und an Kinder weitergeben würden, dann hätte das Spiel es nicht mehr nötig, immer und immer wieder gerechtfertigt werden zu müssen. Der „Situationsorientierte Ansatz in der sozialpädagogischen Praxis" räumt dem Spiel der Kinder einen äußerst großen *Spielraum* ein, weil MitarbeiterInnen in ihrer Fachkompetenz um die Bedeutung wissen und in ihrer Handlungskompetenz dafür Sorge tragen, daß Kinder das Spiel als etwas erleben können, das ihnen Sicherheit und Kraft gibt.

Wenn Forschungsergebnisse (z.B. Monika Keller, Stuttgart 1976) deutlich belegen, daß es klare Zusammenhänge zwischen dem Spielen einerseits und dem Aufbau *kognitiver, sozialer, emotionaler und motorischer Fähigkeiten bei Kindern gibt,* daß Kinder, die viel und ausgiebig spielen, vor allem in ihrer *Aufmerksamkeit, Konzentrationsfähigkeit, Wahrnehmungs- und Beobachtungsfähigkeit, Belastbarkeit, Sprechfertigkeit und Intelligenz* gefördert werden, dann ist das Thema „vorschulische Pädagogik" überflüssig und endgültig gestrichen. Und wenn nun die erworbenen Kompetenzen noch in Lebenszusammenhängen erprobt und umgesetzt werden können, ist für Kinder die Grundlage für Kompetenz und Identität gefestigt.

Zu 6: Erstellung einer Konzeption

Es gibt in der Lernzielbestimmung eine Aussage, die auch dafür geeignet ist, sie auf die Notwendigkeit einer Konzeption zu übertragen. So heißt der Leitsatz: „Wer nicht weiß, wohin er will, darf sich nicht wundern, dort zu landen, wohin er in keinem Fall wollte." Jeder Betrieb, jede Organisation und jede Firma bestimmt vor Aufnahme der Arbeit die eigenen Leitziele, um den Rahmen der Tätigkeit genau abzustecken. Leider haben demgegenüber nur recht wenig Kindergärten eine *schriftliche, aktuelle Konzeption,* in der der *eigene, einrichtungsspezifische und individuelle Arbeitsansatz genau vorgestellt und erläutert* ist. Die Konzeption ist damit ein Spiegelbild der Arbeit des *einen Kindergartens,* so daß diese unverwechselbare Konzeption auch nur für diese *eine* Einrichtung gültig ist. Es gibt sicherlich viele Gründe, eine Konzeption gemeinsam mit Eltern und u. U. TrägervertreterInnen zu schreiben und alle zwei oder drei Jahre erneut auf ihre Gültigkeit hin zu überprüfen:

- MitarbeiterInnen wissen durch die Erarbeitung einer Konzeption um die verbindlichen Eckwerte ihrer Arbeit;
- Pädagogische und gemeinwesenorientierte Ziele sind dort eindeutig formuliert und weisen direkt auf den „Situationsorientierten Ansatz in der sozialpädagogischen Praxis" hin;
- Eltern sind über die Konzeption sowohl über das Arbeitsverständnis der ErzieherInnen sehr differenziert informiert als auch über alle Grundsätze für die Tätigkeit selbst;
- PraktikantInnen und neue MitarbeiterInnen können sich dank der Konzeption sehr genau über den Kindergarten informieren und sich mit den Aussagen auseinandersetzen;
- Die Konzeption kann im Rahmen einer breiten Öffentlichkeitsarbeit allen interessierten Personen und Institutionen zur Verfügung gestellt werden, so daß der Kindergarten in sehr qualifizierter Form in der Öffentlichkeit auftritt;
- MitarbeiterInnen und Eltern haben anhand der Konzeption jederzeit die Möglichkeit, die geleistete Arbeit mit den in der Konzeption formulierten Zielen zu überprüfen und ggf. Korrekturen vorzunehmen;
- Schriftlich formulierte Konzeptionen lassen die Elementarpädagogik greifbar werden und tragen dazu bei, die „Schwammigkeit und Unehrlichkeit der Pädagogik" zu verändern.

Eine Konzeption, die mit ihren Aussagen ein hohes Maß an *Verbindlichkeit, Transparenz und Gültigkeit* ausdrückt, trägt in erheblichem Maße dazu bei, die situationsorientierte Arbeit ständig zu qualifizieren.

Zu 7: Einbeziehung ins Gemeinwesen und Zusammenarbeit mit Institutionen

Wenn der Kindergarten aufgrund seines eigenständigen Erziehungs- und Bildungsauftrags und auf der Grundlage eines gemeinwesenorientierten Arbeitsverständnisses sich Schritt für Schritt öffnet, dann tritt er bewußt aus seinem Inseldasein heraus und löst sich auch von seiner „verinselten Pädagogik“. Kinder und ihre Eltern leben in sozialen Bezügen, die sie mit dem Besuch des Kindergartens *nicht an der Kindergartentüre abgeben,* sondern in den Kindergarten hineintragen und dort ablegen oder berücksichtigt finden werden. Der „Situationsorientierte Ansatz in der sozialpädagogischen Praxis“ trägt entscheidend dazu bei, daß der Kindergarten zu einem *offenen Lernfeld* wird, wo *Kinder und Eltern* sich verstanden, ernst genommen und in ihrer Ganzheit verstanden fühlen. Dazu kommt, daß die Öffnung des Kindergartens auf eine entscheidende Art dazu beitragen kann, daß er zum *Mittelpunkt* der Gemeinde oder des Stadtviertels wird, wo Kinder auch einmal ihre Freunde und FreundInnen mitbringen können, wo es zur Kommunikation zwischen Personen aus dem Kindergarten und außerhalb des Kindergartens kommt und er damit eine neue Plattform für sonst nichtgekannte Begegnungen werden kann. Die Handwerker der Baustelle von nebenan werden zum gemeinsamen Essen eingeladen, die interessierten alten Menschen aus dem Seniorenheim schauen vorbei und können sich an den Aktivitäten beteiligen, für einige Menschen aus der Behinderteneinrichtung wird eine Patenschaft übernommen, die nicht darin besteht, Geld für sie zu sammeln, sondern sie am Geschehen zu beteiligen. So können auch MitarbeiterInnen aus *anderen Kindergärten* hospitieren, es werden eigene, einrichtungsüberschreitende Fortbildungsveranstaltungen organisiert, Kinderschutzzentren und Beratungsstellen können mitarbeiten, und Mütter/Väter haben die Möglichkeit, sich *ohne MitarbeiterInnen* zu treffen und Interessengruppen zu bilden. Alle genannten Punkte scheinen nicht zuletzt deswegen von großer Bedeutung zu sein, weil sich immer mehr *Tendenzen des Rückzugs* von Eltern und Einrichtungen abzeichnen. Dieser Tendenz sollte gerade von situationsorientiert arbeitenden Kindergärten etwas entgegengesetzt werden, damit „Sozialerziehung der Kinder“ zum „solidarischen Umgang miteinander“ wird. Erfahrungen zeigen, daß die Aufrechterhaltung der Kindergartenöffnung und die Zusammenarbeit mit anderen Einrichtungen zwar gepflegt werden will, daß es aber wichtiger ist, erst einmal damit zu beginnen, weil viele Kontakte ihre Eigendynamik entwickeln.

Zu 8: Besondere Anleitung und Beratung der PraktikantInnen

Obgleich den Vor-, Schul- und JahrespraktikantInnen nach den jeweiligen Akademie- und Schulordnungen ein *besonderer Status* zukommt, nämlich der des Lernens, Erfahrens, Beobachtens und Begleitens, ist es in der Praxis fast immer so, daß PraktikantInnen nach einer kurzen Einarbeitungszeit als *vollständige MitarbeiterInnen* angesehen und im Gruppendienst „eingesetzt werden". Dies ist sicherlich für PraktikantInnen selbst ein unhaltbarer und nichtakzeptabler Zustand. So werden in einem Kindergarten, der nach dem situationsorientierten Ansatz arbeitet, PraktikantInnen in ihrer besonderen *Ausbildungsrolle* geachtet. MitarbeiterInnen des Kindergartens sprechen zum Beginn des Praktikums unter sich ab, *wer genau* für die PraktikantInnen zuständig ist, wie häufig PraktikantInnengespräche angesetzt werden (z.B. alle 14 Tage für 2 Stunden) und wie ein *grundsätzlicher PraktikantInnenplan für dieses Praktikum* aussehen kann. Dieser grundsätzliche Plan sollte immer eine *Orientierungs- Erprobungs- und Vertiefungsphase* enthalten, in dem die Bereiche der einrichtungsspezifischen Rahmenbedingungen, der Arbeit mit den Kindern, besonderer Methoden, der Zusammenarbeit mit Eltern, der Teamarbeit, der Außenkontakte, der Verwaltungsarbeiten und der aktuellen Fachliteratur berücksichtigt sind. So haben PraktikantInnen die Möglichkeit, sich Schritt für Schritt in das „Arbeitsfeld offener Kindergarten" einzuarbeiten, um in gleicher Schrittfolge Aufgaben zur eigenen Erprobung durchzuführen. Die Zeit der regelmäßigen PraktikantInnengespräche wird dann durch PraktikantInnenberatung ergänzt, in der es um die Reflexion der Tätigkeit geht und neue Schwerpunkte gesucht und festgelegt werden. Dabei steht selbstverständlich *nicht das Anordnen und Ausführen* im Vordergrund, sondern das *Erproben,* um *ein eigenes Gefühl für Richtigkeit* entwickeln zu können und sich immer wieder auf neue Prozesse mit sich, den MitarbeiterInnen, den Kindern, Eltern und außenstehenden Personen einzulassen. Ergänzend sei auf die *PraktikantInnenrunde* hingewiesen, bei der sich die PraktikantInnen der Region *ohne Leiterin und ohne MitarbeiterInnen* treffen können, um fachliche und persönliche Eindrücke auszutauschen. Ja, vielleicht besteht sogar ein Interesse daran, die unterschiedlichen *individuellen PraktikantInnenpläne,* die sie ganz auf ihre Situation mit den AnleiterInnen abgestimmt haben, zu vergleichen und neue Schwerpunkte für sich zu formulieren, um das Praktikum *in ganzer Tiefe persönlich und beruflich zu nutzen.*

Zu 9: Zusammenarbeit mit der Ausbildungsschule der PraktikantInnen

Die schon in Punkt 6 erwähnte Verinselung von Einrichtungen und die Zunahme des Rückzugs in die eigene Institution ist leider auch bei der häufig nicht fruchtbaren Zusammenarbeit von Kindergarten und Ausbildungsschule zu beobachten. Eine Befragung von Kindergärten und Ausbildungsschulen (Krenz, 1989) wies deutlich darauf hin, daß beide Einrichtungen zwar gerne mehr zusammenarbeiten würden, andererseits aber die geringe Bereitschaft zur Kooperation der jeweils anderen Einrichtung beklagen. Was würde nun eine Zusammenarbeit vor allem bewirken? Einerseits sicherlich einen besseren Informationsfluß von aktueller „Theorie" aus der Schule, andererseits eine bessere Information über die „Praxis vor Ort" im Kindergarten, so daß die Ausbildungsschule ihre Inhalte noch praxisbezogener ausrichten kann. PraktikantInnen bekämen dadurch nicht – wie viele LehrerInnen – einen „Praxisschock", und ErzieherInnen in der Einrichtung könnten von den praxisausgerichteten Inhalten dazulernen. Die in einigen Städten eingerichteten „Kindergarten-Fachschulkonferenzen" könnten hier Modell für eine fruchtbare Zusammenarbeit stehen, zumal dann, wenn es um die „Theorie und Praxis des Situationsorientierten Ansatzes in der sozialpädagogischen Praxis" geht. Solange diese Form der Kooperation nicht klappt, solange bestimmen Vorurteile und Vorbehalte das Bild, unter dem auch Kinder zu leiden haben. Es gilt, sich dieser Tatsache bewußt zu werden, um aktive Handlungsschritte einzuleiten.

Zu 10: Aktive und veränderte Öffentlichkeitsarbeit

Wenn zunächst einmal unter „Öffentlichkeitsarbeit" die Darstellung des Kindergartens und der Arbeit der ErzieherInnen verstanden wird, dann zeigt ein Blick in die Presse zwei Schwerpunkte. Einerseits werden vermehrt Berichte über „protestierende ErzieherInnen" veröffentlicht, auf der anderen Seite gibt es die *üblichen*

Zeitungsnotizen zum „Laternenfest“, „zur Spende für den Kindergarten“, zum „Besuch der Feuerwehr“ und zur „Aufführung im Gemeindehaus“. Ohne den Erfolg oder die Bedeutung der o. g. Aktivitäten zu schmälern, kann und muß doch eines dazu gesagt werden: Durch solche oder ähnliche Zeitungsberichte ändert sich *der Stellenwert und die Wertschätzung des Kindergartens mit Sicherheit nicht!* Vielmehr wird genau das Gegenteil der beabsichtigten Wirkung der Fall sein: Der Kindergarten bleibt das, was er war, nämlich die „nette, freundliche und unauffällige Einrichtung von nebenan“, und protestierende ErzieherInnen sind ungewohnt.

So formulierte es einmal eine Passantin bei einer ErzieherInnendemonstration in Kiel im November 1990: „Ich weiß gar nicht, was die wollen. Die spielen doch nur mit Kindern und werden auch noch dafür bezahlt ...“

Dieses Bild ist verbreitet und bedarf selbstverständlich einer mehr als dringlichen Korrektur. Beide Beispiele der Öffentlichkeitswirkung sind ungünstig, zeigen sie doch, daß die *bisherige Öffentlichkeitsarbeit nur einseitig ausgerichtet und selten* geschieht. Öffentlichkeitsarbeit in Kindergärten, die nach dem situationsorientierten Ansatz arbeiten, geschieht *gerade durch die Arbeit selbst,* durch das Nach-draußen-Gehen, Sich-ins-Gespräch-Bringen, durch Aktionen und Projekte, die außerhalb des Kindergartens geschehen, und durch eine *veränderte Pressearbeit,* in der nicht über das „Basteln der Kinder zur Faschingszeit“ berichtet wird, sondern über die „Aktion zur Rettung der Bäume“, die gefällt werden sollen, über das Projekt „Besuch der Arbeitsplätze der Eltern“ oder über den Elternabend, der für *alle aus der Gemeinde bzw. dem Stadtteil offensteht.* Aktive Öffentlichkeitsarbeit durch Projekte „von unten“ und veränderte Öffentlichkeitsarbeit durch die Presse „von oben“ verhelfen dazu, auf den Kindergarten, seine Chancen und Möglichkeiten einerseits und seine zum großen Teil ungünstigen Rahmenbedingungen andererseits aufmerksam zu machen. Bei interner und externer Fortbildung kann die Presse eingeladen werden, um über die Themen und Schwerpunkte zu berichten.

So wie z. B. in einer großen schleswig-hosteinischen Landeszeitung ein Bericht über eine Fortbildungsreihe zum Thema „Selbstverständnis von Erziehung auf der Grundlage heutiger Kindheitsdaten“ erschien und den LeserInnen in großen Druckbuchstaben die Überschrift „ErzieherInnen sind nicht mehr die lieben Basteltanten“ entgegenkam.
Info-Ecken und eine eigene Kindergartenzeitung runden das Bild ab.

Zu 11: Offene Planung der Arbeit

Dieser Bereich braucht an dieser Stelle nicht aufgegriffen zu werden, wird er doch im Kapitel 7 (S. 85ff.) ausführlich behandelt.

Zu 12: Kindgerechte Raumgestaltung

Um im Kindergarten den „Situationsorientierten Ansatz in der sozialpädagogischen Praxis“ umsetzen zu können, muß für Kinder eine räumliche Atmosphäre gegeben sein, in der sie

- sich wohlfühlen können,
- Rückzugsmöglichkeiten für sich und ihre FreundInnen finden,
- motiviert werden, ihrer Neugierde nachzugehen und Freude am Ausprobieren finden.

Zusätzlich sind die Räume *mit Kindern* so zu gestalten, daß ein Arbeiten der Kinder in Kleingruppen möglich wird, damit sie relativ ungestört ihren Tätigkeitsschwerpunkten nachgehen können. Gruppenräume werden damit zu Kinderräumen, die durch Höhlen, Nischen und Ecken aufgeteilt sind. Wenn sich dann noch zusätzlich Eltern bereit erklären, bei der Errichtung von Podesten und Emporen, eingezogenen Etagen und Kinderhäusern mitzuhelfen, dann kommt es zwar zu einer starken Aufgliederung des Raumes, der an Übersichtlichkeit verliert, gleichzeitig aber den Charakter einer Wohn- und Projektstätte gewinnt. Leider war/ist es häufig heute noch so, daß Gruppenräume nach den Kriterien von „guter Putzbarkeit“ und „genormter Sicherheit“, „steriler Katalogeinrichtung“ und „optimaler Überblickbarkeit“ eingerichtet und gestaltet sind. Das ist aber genau das, was Kinder nicht wünschen. Hier gilt es, ehrlich die Frage zu beantworten, welche Kriterien Vorrang haben und welche Meinung – die der Kinder, der Eltern oder die der ErzieherInnen – sich durchsetzt. Natürlich muß es bei dem Verändern und Aufteilen der Räume nicht immer zu großen und kostspieligen Aktionen kommen, reichen doch häufig umgestellte Schränke als Raumteiler, Decken und Gardinen, Stoffe und aufgestapelte (miteinander verbundene und angemalte) stabile Kartons, Bettücher oder selber hergestellte Stellwände, Schaumgummiblöcke oder Weichfaserplatten, Styroporrechtecke oder verbundene Obstkisten schon aus, Ecken und Nischen einzurichten. Die Frage, wo Kinder bei den Projekten dann in größeren Einheiten ihrem Bewegungsdrang nachkommen können, ist schnell beantwortet: einerseits immer draußen, andererseits in den Kindergartenräumen, die entsprechenden Platz anbieten, wie z. B. der Flur. Bei gruppenübergreifenden Projekten kann z. B. auch die Eingangshalle oder der Flur selber dazu genutzt werden, daß z. B. auch hier in freier Zeiteinteilung gefrühstückt werden kann, wobei ein *fester Frühstückstisch*/eine feste Büffetecke gegeben sein sollte. Die Einrichtung der Räume selbst wird ebenso wie die Aufteilung mit Kindern gestaltet, und Praxisbeispiele zeigen, daß Kinder z. B. große Wandlandkarten, große Ganzkörperspiegel, Matratzen und besonders Hängematten, Schatzkisten und Pflanzen, Schränke mit vielen kleinen Schubladen, Tafeln und Malwände, Kletterseile und auch echte, technische Gebrauchsgegenstände (Staubsauger, Töpfe ...) gerne um sich haben. Was bei der Raumaufteilung – auch von ErzieherInnen – besonders geschätzt wird, ist die Abnahme des Lärms und vieler Streitigkeiten, die, geschehen sie in einem freien, offenen Raum, viel mehr die Aufmerksamkeit vieler Kinder bündeln, wogegen bei den aufgeteilten Räumen sich die Kinder untereinander weniger stören. Und selbstverständlich können sich hier auch die Kinder in der altersgemischten Gruppe, die ja immer Voraussetzung im „Situationsorientierten Ansatz“ ist, in selbstgewählten, altersgleichen „Cliquen“ treffen, um möglicherweise ähnlichen Interessen nachzugehen.

Zu 13: Veränderte, verbesserte Kooperation mit dem Träger

Häufig ist der Wunsch von ErzieherInnen, mit dem Träger in Kontakt zu treten, eher durch Zurückhaltung geprägt, nach dem Motto: „Je weniger wir uns begegnen, desto mehr können wir in Ruhe arbeiten.“ (So formulierten es viele ErzieherInnen während einer Fortbildung zum Situationsorientierten Ansatz). Diese Haltung hat jedoch einen nicht zu unterschätzenden Nachteil: ErzieherInnen treten beim Träger nur dann in Erscheinung, wenn es um die Bitte/Forderung von finanziellen Mitteln oder um Änderungswünsche geht. Natürlich schafft diese Form der Kommunikationsgestaltung eine besondere Brisanz – auf beiden Seiten! Günstiger dagegen ist es, wenn MitarbeiterInnen *den regelmäßigen Kontakt* zum Träger suchen und aufrechterhalten, um *kontinuierlich* über die Arbeit, Vorhaben und Projekte zu berichten und so dem Träger zu verdeutlichen, wie die Arbeit des Kindergartens gestaltet ist. *Gegenseitige* Informationen fördern die Einsicht in Zusammenhänge, bedingen mehr Verständnis füreinander und erlauben es beiden Seiten, Entscheidungsprozesse neu zu durchdenken und mögliche Entscheidungen mitzutragen bzw. ihnen qualifiziert *rechtzeitig* entgegenzutreten.

Zu 14: Andere Formen der Zusammenarbeit mit Eltern

Wenn der Kindergarten, der nach dem „Situationsorientierten Ansatz in der sozialpädagogischen Praxis“ arbeitet, die berechtigte Forderung einer Elternmitarbeit und einer elternunterstützenden Funktion aufstellt, dann kommen neben den *regelmäßigen Elternabenden* auch den gemeinsamen Elterngruppen, die sich je nach Interessensgebieten treffen, den gemeinsamen Festen und Ausflügen, den von Eltern und ErzieherInnen gemeinsam besuchten Fortbildungsnachmittagen, den Hausbesuchen, Elternbesuchen, Elterngesprächen und Mitarbeitsaktivitäten eine besondere Bedeutung zu. Lebendige, aktive Mitarbeit der Eltern schafft auf beiden Seiten ein *neues Verständnis von Eltern(mit)arbeit und Kindergartenarbeit* und hilft dabei, gegenseitige Vorurteile abzubauen und Elternarbeit nicht mehr als eine „Pflichtübung“ anzusehen, sondern als ein breites Forum der Entwicklungsförderung *aller Beteiligten* zu begreifen.

*

Daß letztlich auch zum Umsetzen des „Situationsorientierten Ansatzes in der sozialpädagogischen Praxis“ die konsequente Verbesserung der Rahmenbedingungen gehört, daß PolitikerInnen auf Bundes-, Landes-, Gemeinde-, Kreis- und städtischer Ebene über die Bekenntnisse zur Bedeutung des Kindergartens hinaus auch aktive Schritte einleiten und den vielen ErzieherInnen in ihrem täglichen Bemühen um eine qualifizierte Arbeit entgegenkommen müssen, ist besonders notwendig zu erwähnen.

So ist nicht unberechtigt in der großen Umfrage der Zeitschrift „kindergarten heute“ die ErzieherInnentätigkeit mit der Überschrift „Der vergessene Beruf“ (Heft 4/1990) beschrieben worden. Und oftmals behindern bestehende Arbeitsbedingungen die qualifizierte Arbeit von ErzieherInnen.

Wenn zu Recht beklagt wird, daß

- in der heutigen Form viele Kindergärten faktisch „Aufbewahrungsstätten für Kinder“ sind trotz eines übergroßen Engagements vieler ErzieherInnen,
- fast 66% der ErzieherInnen in Gruppen mit bis zu 25 Kindern und fast 8% in Gruppen mit 26 bis 30 Kindern arbeiten,
- die Erwartungen der Eltern als eine zunehmende Belastung empfunden werden,
- die Arbeit durch die Anforderungen durch Kinder, die besonders problembelastet sind, immer schwerer geworden ist,
- die personelle Besetzung oftmals in völlig unzureichendem Maße geregelt und die materielle Ausstattung nicht bedarfsgerecht ist,
- die für eine qualifizierte Arbeit notwendige Verfügungszeit nicht zugestanden wird,
- besondere Belastungen durch Wechselgruppen dazukommen,
- die Zeit für Fallarbeit und Supervision in hohem Maße eingeschränkt ist,
- von 75% der befragten ErzieherInnen die Besoldung als unzureichend eingeschätzt wird,
- berufliche Perspektiven mit zunehmendem Alter äußerst gering sind,

dann gilt es, Bedingungen zu schaffen, die eine kindorientierte Arbeit zulassen bzw. zusätzlich unterstützen. Dazu ist es notwendig, daß kindorientierte Bedingungen und erzieherInnenorientierte Rahmenwerte festgesetzt werden, um Qualitätsstandards festzuschreiben, in Gang zu bringen und zu sichern. Eine besondere Möglichkeit liegt dabei sicherlich in „Kindergartengesetzen“, in denen solche hilfreichen Bedingungen festgeschrieben sind/werden.

Hier sind die Verantwortlichen im Bereich der Politik gefragt und aufgefordert, sich für ErzieherInnen stark zu machen und sich für eine Berufsgruppe einzusetzen, die es wahrlich verdient hat, beachtet, unterstützt und gefördert zu werden, damit aus einem „vergessenen Beruf“ ein in der Realität „wertgeschätzter“ Beruf wird.

10. Schlußwort

Sicherlich ist es nicht einfach, den seit langem für die Arbeit in Kindergärten ausgerufenen „Situationsorientierten Ansatz in der sozialpädagogischen Praxis“ umzusetzen. Dabei wird und muß *jede Einrichtung selbst* den Weg, die Zeit, die einzelnen Ziele und Veränderungsvorhaben bestimmen. Insofern soll das Buch auch nicht mit schönen Worten, sondern mit einem Zitat beendet werden:

> „Geh nicht nur die glatten Straßen,
> geh Wege, die noch niemand ging,
> damit Du Spuren hinterläßt
> und nicht nur Staub.“
>
> Jutta Ahlemann

11. Literaturhinweise und Arbeitshilfen

Zu Kapitel 2: Lebensbiographien und -situationen von Kindern heute und ihre Bedeutung für den „Situationsorientierten Ansatz in der sozialpädagogischen Praxis“

Adam, K.: Kinder? Die Familie als Opfer der Familienpolitik. In: Welt des Kindes. Nr. 1/90

Bleuel, H. P.: Kinder – und die Welt, in der sie leben. Braunschweig 1981

Büttner, Chr. und Ende, A. (Hrsg.): Gefördert und mißhandelt. Kinderleben zwischen 1740 und heute. Jahrbuch der Kindheit, Bd. 4. Weinheim 1987

Büttner, Chr. und Ende, A. (Hrsg.): Und wenn sie nicht gestorben sind ... Lebensgeschichten und historische Realität. Jahrbuch der Kindheit, Bd. 5. Weinheim 1988

Bundesminister für Bildung und Wissenschaft: Kinder und Kultur. Antwort der Bundesregierung auf eine kleine Anfrage. Drucksache 11/5285, 29.09.1989

Colberg-Schrader, H.: „Kinder nicht wegorganisieren, sondern sie sehen und hören wollen“. Veränderte Lebensbedingung für Kinder. In: Caritas informiert. Freiburg Heft 2 (März/April) 1990

Deißler, H. H.: Veränderungen in der Familie – Veränderungen im Kindergarten. In: kindergarten heute, Nr. 3/1987

Deutsches Jugendinstitut: Erziehungsziele. Was ist Eltern wichtig? In: DJI-Bulletin Heft 16, Oktober 1990

Deutsches Jugendinstitut (Hrsg.): Wie geht's der Familie? Ein Handbuch zur Situation der Familie heute. München 1988

Deutscher Bundestag: Sexueller Mißbrauch von Kindern (Antwort der Bundesregierung auf die Große Anfrage der Fraktion ‚Die Grünen‘). Drucksache 10/3845, 18. September 1985

Deutscher Bundestag: Lebenssituationen der Kinder in der Bundesrepublik Deutschland. (Antwort der Bundesregierung auf die Große Anfrage der SPD-Fraktion). Drucksache 10/4623, 8. Januar 1986

Deutscher Bundestag: Soziale Lage von Familien und Kindern. (Antwort der Bundesregierung auf eine Große Anfrage der SPD-Fraktion). Drucksache 11/5106, 30. August 1989

Ebmeier, J.: Vergeßt '68! Aufstieg und Niedergang der Kümmer-Pädagogik. In: Unsere Jugend, Heft 6 (Juni) 1990

Enders, U. (Hrsg.): Zart war ich, bitter war's. Sexueller Mißbrauch an Mädchen und Jungen. Köln 1990

Geulen, D. (Hrsg.): Kindheit. Neue Realitäten und Aspekte. Weinheim 1989

Haunert, P.: Kindheit im Wandel der Zeit. In: kindergarten heute. Heft 4, Juli 1989

Honig, M.-S.: Kindheit in der Bundesrepublik Deutschland. Zum Stand der Kindheitsforschung – Kindheit als „Entwicklungstatsache“ und „Erziehungstatsache“. In: Blätter der Wohlfahrtspflege. Nr. 137. 1990

Honig, M.S.: Kinderfeindlich? Kinderfreundlich? – Schwierigkeiten bei dem Versuch, sich ein Bild von der sozialen Lage der Kinder in der Bundesrepublik zu machen. In: Diskurs, Nr. 0/90

Krappmann, L.: Soziale Kinderwelt und kindliche Entwicklung. Ein Beitrag zur Soziologie der Kindheit. In: DJI Jahresbericht. München 1989
Lang, S.: Lebensbedingungen und Lebensqualität von Kindern. Frankfurt/New-York 1985
Ledig, M.: Was sollen wir noch alles machen? Veränderte Kindheit – neue Anforderungen an Kindertageseinrichtungen. In: Welt des Kindes, Heft 2/1987
Lippitz, W. + Rittelmeyer, Chr. (Hrsg.): Phänomene des Kinderlebens. Beispiele und methodische Probleme einer pädagogischen Phänomenologie. Bad Heilbrunn 1989
Nyssen, F.: Lieben Eltern ihre Kinder? Quellendiskussion zur Geschichte der Kindheit. Frankfurt/Bern/New York/Paris 1989
Postman, N.: Das Verschwinden der Kindheit. Frankfurt 1982
Psychologie heute: Kinder im Dauer-Streß. Wenn Eltern zu viel Leistung fordern. In: Psychologie heute, Februar 1990
Rolff, H.-G. + Zimmermann, P.: Kindheit im Wandel. Eine Einführung in die Sozialisation im Kindesalter. Weinheim/Basel 1985
Süssmuth, R.: Kinderleben, Kinderzeiten, Kinderwelten. In: Kinderzeit, 1988/1989
Schmidt-Denter, U.: Die soziale Umwelt des Kindes. Eine ökopsychlogische Analyse. Berlin 1984
Schütze, Y.: Zur Veränderung im Eltern-Kind-Verhältnis seit der Nachkriegszeit. In: Nave-Herz, R. (Hrsg.): Wandel und Kontinuität der Familie in der Bundesrepublik Deutschland. Stuttgart 1988
Thiersch, H.: Kinderpolitik ist nicht nur Familienpolitik. Voraussetzungen und Aufgaben der Politik für Kinder. In: Theorie und Praxis der Sozialpädagogik. Heft 5, 1990
Tietze, W.: Vom Kindergarten zur Oma und dann zur Nachbarin? Zum Betreuungsalltag von Kindern im Vorschulalter. In: Deutsches Jugendinstitut, Jahresbericht 1989
Vorsorge-Initiative (Deutsche Behindertenhilfe Aktion Sorgenkind e. V.): Kinderseelen sind zerbrechlich. Was wir für die seelische Gesundheit unserer Kinder tun müssen. Frankfurt o. J.
Winkels, Th.: Kindheit im Wandel. Überlegungen zum Kindsein heute. In: Wehrfritz Wissenschaftlicher Dienst, Nr. 35/36, Februar 1987
Zeiher, H.: Kindheit: Organisiert und isoliert. In: Psychologie heute, Februar 1990
Zentralrat des Deutschen Caritasverbandes (Hrsg.): Dokumentation. Veränderte Lebenswirklichkeiten der Kinder, Auftrag der Caritas, Jugendpolitische Forderungen: In: Welt des Kindes, Heft 1/1990
Zimmer, J.: Die vermauerte Kindheit. Bemerkungen zum Verhältnis von Verschulung und Entschulung. Weinheim/Basel 1988

Zu Kapitel 3: Ganzheitliche Pädagogik = ganzheitliches Leben und Lernen mit Kindern

Braunmühl, E. v.: Zur Vernunft kommen. Weinheim/Basel 1990
Dolto, F.: Mein Leben auf der Seite mit Kindern. Eine ungewöhnliche Therapeutin erzählt. München 1989
Horst, W. ter: Einführung in die Orthopädagogik. Stuttgart 1983

Korczak, J.: Verteidigt die Kinder. Gütersloh 2. Aufl. 1983
Krenz, A.: Die Notwendigkeit und Bedeutung der Intergration von behinderten und sozialbenachteiligten Kindern in Regelkindergärten. In: kindergarten heute, Nr. 1/1982
Krenz, A.: Verhaltensstörungen – ein „Defekt" des Kindes oder der Pädagogik? In: Theorie und Praxis der Sozialpädagogik. Nr. 3/83
Krenz, A.: Mit Gefühl leben – mit Gefühl arbeiten. In: Wehrfritz Wissenschaftlicher Dienst. Nr. 31/1985
Krenz, A. und Rönnau, H.: Entwicklung und Lernen im Kindergarten. Freiburg 2. Aufl. 1990
Krenz, A.: Elementarpädagogik: Erziehung an Kindern oder ‚Leben und Lernen mit Kindern?" In: Wehrfritz Wissenschaftlicher Dienst. Nr. 37/1987
Krenz, A.: Die Wahrheit des Ganzen wird durch die Wahrheit der Details getragen. Oder: Kindergartenpädagogik im Spannungsfeld inhaltsleerer Aussagen, kindermißachtender Rahmenbedingungen und fehlender Grundsatzdiskussion auf breiter Basis. In: Wehrfritz Wissenschaftlicher Dienst, Nr. 44 –45/1990
Krenz, A.: Mit Kindern jeden Tag erleben. Ein pädagogisches Gedankenbuch. Darmstadt 1990
Niedergesäß, B.: Förderung oder Überforderung? Probleme und Chancen der außerfamilialen Betreuung von Kleinstkindern. Mainz 1989

Zu Kapitel 4: Der eigenständige Erziehungs- und Bildungsauftrag des Kindergartens

Arbeitsgemeinschaft für Jugendhilfe (AGJ): Zur Situation gegenwärtiger Kindergartenerziehung. Stellungnahmen und Empfehlungen der Arbeitsgemeinschaft Jugendhilfe zu aktuellen Problemen im Kindertagesstättenbereich. Bonn 1988
Bundesarbeitsgemeinschaft der Freien Wohlfahrtspflege: Die Kindergartenreform hat erst begonnen. Eine Information zum Erprobungsprogramm im Elementarbereich. Bonn 1983
Krenz, A. / Hündling, A. / Bock, H. / Koll, E.: Ergänzungen und Korrekturen zum Vorentwurf des „Gesetzes zur Förderung von Kindern in Tageseinrichtungen und in Tagespflege. Kiel, 04.01.1991 (vom Sozialminister des Landes Schleswig-Holstein beauftragte Expertengruppe, berufen zur fachlichen Überarbeitung der Diskussionsgrundlage des „Kindertagesstättengesetzes")

Zu Kapitel 5: Unterschiedliche Arbeitsansätze in Kindergärten

Arbeitsgruppe Vorschulerziehung: Vorschulische Erziehung in der Bundesrepublik. Eine Bestandsaufnahme zur Curriculumentwicklung. München 1974
Beiner, F.: Vom Recht des Kindes, so zu sein, wie es ist. In: Welt des Kindes, Heft 4/1988
Corell / Lückert, in: Wurr, R. / Kolbe, G.: Funktionsansatz und Situationsansatz in der Praxis des Kindergartens. Stuttgart 1981

Hemmer, K. P. und Obereisenbuchner, M.: Die Reform der vorschulischen Erziehung. München 1979
Hielscher, H.: Curriculum. In: Hielscher, H. (Hrsg.): Früherziehung in Kindergärten, Vorklassen und Familien. Hannover 1978

Zu Kapitel 6: Gemeinsames Leben und Lernen innerhalb und außerhalb des Kindergartens – Kennzeichen und Schwerpunkte des „Situationsorientierten Ansatzes in der sozialpädagogischen Praxis

Almstedt / Kammhöfer: Situationsorientiertes Arbeiten im Kindergarten. Bericht über ein Erprobungsprogramm. München 1980
Arbeitsgruppe Vorschulerziehung: Anregungen I: Zur pädagogischen Arbeit im Kindergarten. München 1975
Arbeitsgruppe Vorschulerziehung: Anregungen II: Zur Ausstattung des Kindergartens. München 1974
Arbeitsgruppe Vorschulerziehung: Anregungen III. Didaktische Einheiten im Kindergarten. München 1976
Colberg-Schrader, H. und Krug, M.: Lebensnahes Lernen im Kindergarten. München 1982
Deutscher Bildungsrat: Strukturplan für das Bildungswesen. Stuttgart 1970
Deutscher Bildungsrat: Zur Einrichtung eines Modellprogramms für Curriculumsentwicklung im Elementarbereich. Stuttgart 1973
Hemmer, K. P. und M. Obereisenbuchner. Die Reform der vorschulischen Erziehung. München 1979
Ministerium für Arbeit, Gesundheit und Soziales des Landes NRW: Arbeitshilfen Kindergarten. Düsseldorf o. J.
Langhorst-Zahner, G.: Situatives Lernen im Kindergarten. In: Schüttler-Janikulla, K. (Hrsg.): Handbuch für Erzieher in Krippe, Kindergarten, Vorschule und Hort. München 17. Nachl. 1988
Projektgruppe Vorschulische Erziehung im Ausland: Elemente vorschulischer Erziehung. Problemfelder, Aufgaben und Methoden. München 1975
Wurr, R. und Kolbe, G.: Funktionsansatz und Situationsansatz in der Praxis des Kindergartens. Fallanalysen und pädagogische Perspektiven. Stuttgart 1981
Zimmer, J. (Hrsg.): Curriculumsentwicklung im Vorschulbereich. Band 1 und 2. München 1973

Zu Kapitel 7: Arbeitskonzeption zum „Situationsorientierten Ansatz in der sozialpädagogischen Praxis"

Arbeitsgruppe Vorschulerziehung: Anregungen III. Didaktische Einheiten im Kindergarten. München 1976
Colberg-Schrader, H. + Krug, M.: Arbeitsfeld Kindergarten. München 1979
Deutscher Bildungsrat: Strukturplan für das Bildungswesen. Stuttgart 1970

Kettner, A.: Kinder sind springlebendig. Helft ihrem Sprung, und erkundet mit ihnen zusammen das Leben. In: Theorie und Praxis der Sozialpädagogik (TPS). Heft 5/1985

Krenz, A.: Kompendium zur Beobachtung und Beurteilung von Kindern und Jugendlichen. Allgemeinwissenschaftlicher Abriß, wichtige und notwendige Grundsätze sowie spezifische Verfahren zur Datenerhebung „Beobachtung" unter Berücksichtigung der Zielsetzungen „Beurteilung" und „Erziehungsplan". Heidelberg 4. Aufl. 1989

Zu Kapitel 8: Mißverständnisse und Vorurteile zum „Situationsorientierten Ansatz in der sozialpädagogischen Praxis"

Almstedt, L. + Kammhöfer, H.-D.: Situationsorientiertes Arbeiten im Kindergarten. München 1980

Hohmann, J. S.: Dagegen sein ist immer leicht. Düsseldorf/Wien 1981

Schäfer, B. + Six, B. Sozialpsychologie des Vorurteils. Stuttgart 1978

Zu Kapitel 9: Voraussetzungen zum „Situationsorientierten Arbeiten in der sozialpädagogischen Praxis"

–1–

Krenz, A.: Auffällige Kinder – Selbsterfahrung des Erziehers statt Methodensuche. In: kindergarten heute, Nr. 2/1983

Krenz, A.: ErzieherInnen als InteressenvertreterInnen für Kinder?! In: kindergarten heute, Nr. 6/1990

Krenz, A.: ErzieherInnen als Träger von Veränderungen in der praktischen Arbeit – eine kritische Bestandsaufnahme und notwendige Konsequenzen. In: Schüttler-Janikulla, K. (Hrsg.): Handbuch für Erzieher in Krippe, Kindergarten, Vorschule und Hort. München 24. Nachlieferung (November) 1990

–2–

Krenz, A.: Personale und fachliche Kompetenz von ErzieherInnen – Gedanken, Gründe und Hintergründe im Hinblick auf die berufliche Praxis im Kindergarten. In: Schüttler-Janikulla, K. (Hrsg.), a. a. O., 10. Nachlieferung 1986

Krenz, A.: Handlungskompetenz Freiheit – ein (un)berücksichtigtes Element in der Ausbildung von Helfern. In: Informationblätter der Gesellschaft f. wissenschaftliche Gesprächspsychotherapie. GwG-Zeitschrift Nr. 65, Dezember 1986

–3–

Krenz, A.: Werden kennt kein Ende. Fort- und Weiterbildung zur Erhaltung bzw. Erweiterung beruflich-personaler Qualifikation. In: kindergarten heute, Nr. 1/1985

Krenz, A.: Pädagogische, psychologische und methodenorientierte Weiterbildung in sozialpädagogischen Einrichtungen zur Verbesserung beruflicher Qualität. In: Schüttler-Janikulla, K. (Hrsg.), a.a.O. 16. Nachlieferung 1988

Krenz, A.: Supervision – eine qualitätsorientierte Fortbildung von MitarbeiterInnen zur Verbesserung der beruflichen Tätigkeit und zur Festigung persönlicher Identität. In: Schüttler-Janikulla, K. (Hrsg.), a.a.O. 21. Nachlieferung 1989

Krenz, A.: Fortbildung als Persönlichkeitsbildung. Ein berechtigter Anspruch, der nur schwer einzulösen ist. In: kindergarten heute, Heft 1/1991

–4–

Krenz, A.: Gruppendynamische Interaktionsexperimente. Spiele, die eigenes Verhalten bewußt machen und störende Verhaltensweisen positiv verändern können. Wehrheim 3. Aufl. 1986

Krenz, A.: Möglichkeiten und Chancen der Teamarbeit. In Schüttler-Janikulla, K. (Hrsg.), a.a.O., 5. Nachlieferung 1984

Krenz, A.: Konflikte und Probleme in (sozial)pädagogischen Einrichtungen. Anmerkungen zur Konfliktbewältigung auf der Grundlage organisationspsychologischer Gedanken. In: Schüttler-Janikulla, K. (Hrsg.), a.a.O., 19. Nachlieferung 1989

Rosenkranz, H.: Von der Familie zur Gruppe zum Team. Familien- und gruppendynamische Modelle zur Teamentwicklung. Paderborn 1990

–5–

Breucker-Rubin, A.: Da ist der Bär los ... Mit-Spiel-Aktionen für kleine und große Leute. Münster 1990

Hoffrage, H. u.a.: Stutzen, Staunen, Stöbern. Eine spannende Erlebnisreise ins Reich der Natur mit Knud dem Umweltfreund. Münster 1991

Keller, M.: Kognitive Entwicklung und soziale Kompetenz. Stuttgart 1976

Krenz, A.: Praxiserprobte Spielliteratur. In: kindergarten heute, Nr. 4/1985

Krenz, A.: Spiele(n) mit geistigbehinderten Kindern und Jugendlichen. Spielimpulse und Hinweise für eine Spieldidaktik unter sonderpädagogischer Sicht. Wehrheim 1986

Krenz, A.: Kreativität – ein Begriff im Ausverkauf der Kindergartenpädagogik. In: kindergarten heute, Nr. 2/1988

Krenz, A.: Spielen und Lernen. Zusammenhänge zwischen Spiel- und Schulfähigkeit bei Kindern im Kindergartenalter. In: kindergarten heute, Heft 1/1989

Krenz, A.: Spiel- und Schulfähigkeit. Zusammenhänge, Bedeutung, Konsequenzen. Ergebnisse aus spielpädagogischen Forschungen, die in der Praxis zu berücksichtigen sind. In: Wehrfritz Wissenschaftlicher Dienst, Rodach Nr. 41/42, Februar 1989

Krenz, A.: Rollenspiele als Möglichkeiten zum seelischen Wachsen. In: kindergarten heute, Heft 5/1990

–6–

Krenz, A.: Erarbeitung einer Konzeption für Kindergärten und Tagesstätten. Ein mühevoller Weg, der sich immer lohnt. In: Schüttler-Janikulla, K. (Hrsg.), a.a.O., 14. Nachlieferung 1987

Walther, H.: Wenn ich genau weiß, was ich will, bin ich weniger abhängig. Vom langen, aber lohnenden Weg zu einer eigenen Konzeption. In: Theorie und Praxis der Sozialpädagogik, Nr. 5/1985

–7–

Merker, H.: Voraussetzungen und Probleme einer Öffnung des Kindergartens. In: Sozialpädagogische Blätter, Nr. 5/1981
Meyer, B.: Praktische Kinderfreundlichkeit im Gemeinwesen. Kinder bestimmen im Stadtteil mit. In: Theorie und Praxis der Sozialpädagogik, Heft 5/1981
Sprey-Wessing, Th.: Zur Frage stadtteilorientierter Arbeit im Kindergarten. Anzeichen, Beispiele, Elemente. In: Sozialpädagogische Blätter, Nr. 5/1981

–8–

Brüggemann, F. und Seidel, I.: Praxisanleitung im Kindergarten. In: kindergarten heute, Heft 3/1978
Krenz, A.: Anleitung und Beratung von Praktikanten. In: Schüttler-Janikulla, K. (Hrsg.), a. a. O., 11. Nachlieferung 1986
Schütt, B.: Ausführungen zur Anleitung und Begleitung von Praktikantinnen und Praktikanten. In: Unsere Jugend, Nr. 9/1990

–9–

Krenz, A.: Schule und/oder Erwachsenenbildung, Erwachsenenbildung in der Schule. (K)ein Widerspruch? In: Informationsdienst für Dozenten an sozialpädagogischen Ausbildungsstätten. München, Heft 2/3 – 1984

–10–

Möller-Stürmer, S. und Stürmer, G.: „Die spielen ja nur" – Öffentlichkeitsarbeit im Kindergarten. In: kindergarten heute, Heft 1/1991

–11–

Krenz, A.: Verhaltensauffälligkeiten – sinnvolles und situationsangemessenes Signal- und Problemlöseverhalten von Kindern. In: Schüttler-Janikulla, K. (Hrsg.), a. a. O., 6. Nachlieferung 1984
Krenz, A.: Gefühle von Kindern im Kindergarten. Ein Beitrag zur Bedeutung der Emotionalität in der Entwicklung von Kindern. In: Schüttler-Janikulla, K. (Hrsg.), a. a. O., 18. Nachlieferung 1988
Krenz, A.: Pädagogik und Musik – zwei Königskinder in der Krise. In: Schüttler-Janikulla, K. (Hrsg.), a. a. O., 22. Nachlieferung 1990

–12–

Becker, I.: „Kinder – Räume – Erwachsene" oder „Räume wirken!" In: Wehrfritz Wissenschaftlicher Dienst, Nr. 35/36 – Februar – 1987

Hontschik, C.: Raumgestaltung und pädagogisches Konzept im Kindergarten. Eigenverlag des Deutschen Vereins für öffentliche und private Fürsorge. Frankfurt 1985
Hermann, G. u. a.: Das Auge schläft, bis es der Geist mit einer Frage weckt. Krippen und Kindergärten in Reggio/Emilia. Berlin 1984
Mahlke, W.: Weg von der Raumgestaltung von der Stange. In: Theorie und Praxis der Sozialpädagogik. Heft 4/1985
Mahlke, W.: Räumliche Gestaltungsmöglichkeiten im Kindergarten. In: Schüttler-Janikulla, K. (Hrsg.), a. a. O., 17. Nachlieferung 1988

–14–

Becker-Textor, I.: Offene Elternarbeit. In: kindergarten heute, Heft 1/1987
Bort, W.: Elternarbeit leichter machen. Wie man Eltern aktiviert. Offenbach 1989
Ditschler, K.: Heft 1 „Elternabend: Arbeitshilfen für eine aktivierende und elternorientierte Vorbereitung, Durchführung und Nachbereitung".
Heft 2 „Elternsprechstunde: Materialien für eine offene Gesprächsführung".
Heft 3 „Elternabende: Themen, Arbeitsblätter, Fallbeispiele, Medien".
Heft 4 „Formen der Elternarbeit: Beispiele, Anleitungen, Anregungen".
(Selbstverlg Chr. Ditschler, Buchenweg 6, 6116 Eppertshausen)
Furian, M. (Hrsg.): Praxis der Elternarbeit in Kindergarten, Hort, Heim und Schule. Heidelberg 1982
Kazemi-Veisari, E.: Wer hat den Schwarzen Peter? Schuldzuweisungen zwischen Erziehern und Eltern. In: kindergarten heute, Heft 5/1990
König, E. und Volmer, G.: Mit Eltern arbeiten. München 1982
Longardt, W.: Feste, die verbinden. Wenn Jung und Alt im Kindergarten feiern. Gütersloh 1982

*

Krenz, A.: Zerreißprobe für ErzieherInnen – Zwischen Rotstiftpolitik und Reformansprüchen. In: Theorie und Praxis der Sozialpädagogik, Heft 2/1984